Nestflüchter

Das Handbuch

Christine Paxmann & Marion Koschkar

Nestflüchter

Das Handbuch

Jetzt alles selber machen

Umziehen | RENOVIEREN |
Basics kochen | *Waschen* | **Bügeln** |
Reparieren | **Nähen** | Flicken |
Ordnen | HAUSHALTEN |
Aufbewahren | Vorräte |
Mietverträge | Einrichten |
Aufräumen | ***Putzen*** | etc.

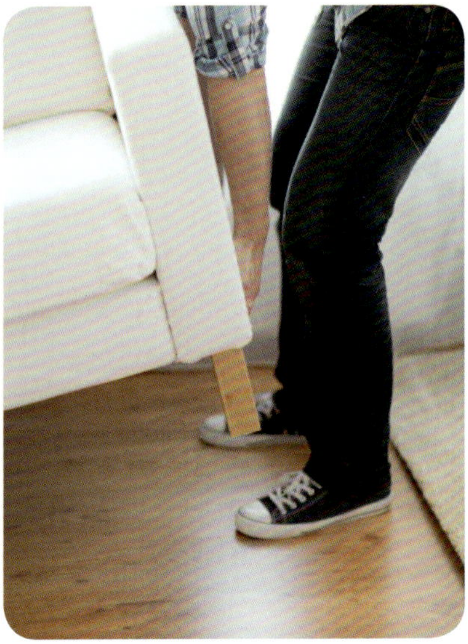

WORK

Wie geht denn das?

Endlich raus aus den elterlichen vier Wänden, schließlich ist man erwachsen, es wird Zeit für ein selbstbestimmtes Leben. So oder ähnlich sind die Gedanken bei fast allen Menschen 18 plus. Ist also nichts Besonderes, kann ja jeder. Allerdings spätestens beim Mietvertrag für die neue Bude oder den Dingen, die sich bisher irgendwie erledigt haben, wie Waschen, Kochen oder kaputte Wasserhähne reparieren, wird sich so mancher eine Gebrauchsanleitung wünschen. Schließlich will man auch nicht jeden zweiten Tag daheim anrufen und um Rat fragen. Man ist ja erwachsen, selbstbestimmt und wild entschlossen, das Leben völlig neu zu gestalten. Dass mit ein paar Tricks manches einfacher geht, weiß man spätestens, wenn man sämtliche Wollsachen auf Babygröße geschrumpft hat, schon am 15. das Haushaltsgeld alle ist und man das zwanzigste Mal hintereinander Spaghetti mit Butter gegessen hat. Dann wird es Zeit für ein ultimatives Nachschlagewerk, das geduldig die Basics des Alltags erklärt. Und voilà, hier ist es, hilfreich vom Tag des Auszugs bis zu den vielen Kleinigkeiten das Alltags, die unerwartet nerven können.

So sieht's aus

Der Auszug aus dem Elternhaus ist meistens eine ziemlich spannende Sache mit vielen Unbekannten, z. B.:

- Wo ziehe ich hin?
- Wie soll meine Bude aussehen?
- knappes monatliches Budget
- Studium/Ausbildung, Wohnung, Umfeld neu
- Nebenjob oder nicht?
- Einkaufen, Kochen, Lernen, Aufräumen, Arbeiten – wie geht das zusammen?

usw. …

Da ist es nicht blöd, wenn man jemanden fragen kann, sobald es hakt. Ein Buch ist da ein gedudiger Partner, der nie genervt ist und nur antwortet, wenn man ihn fragt!

Wer braucht dieses Buch?

- Jeder, der regelmäßig seine Wohnung putzt und aufräumt, ist ein Putzteufel!
- Kochen wird überbewertet, es gibt ja Tiefkühltruhen!
- Fahrradfahren ist was für Ökosusis und Naturfreaks!
- Ein Generalhausputz ist kurz vor Prüfungen am sinnvollsten!
- In mir steckt kein Handwerker und ich hole, um eine Birne einzuschrauben, einen Fachmann.
- Selbstgemachtes ist was für Omas.
- Nähen braucht kein Mensch, Knöpfe kann man auch ankleben!
- Risse und Löcher muss man zur Kunst erklären!
- Wer aufräumt, ist zu faul zum Suchen!

Wer alle Statements mit JA beantwortet hat, sollte dieses Buch von vorne bis hinten durchlesen, die anderen konzentrieren sich auf die Kapitel, die eine Lösung für das individuelle Problem anbieten. Und wenn auch dieses Buch keine Antwort bietet, solltet ihr zum Hörer greifen und eure Eltern anrufen. Sie freuen sich bestimmt!

ECOVER
Wassen
en
Wafels!

Sauberer Um

zugszauber

Wann, wer, was ...

Fakt ist, Ausziehen oder Umziehen gehört zu den Ereignissen im Leben, die einen am meisten mitnehmen, neben Geburt und Abschied von einem Menschen, das haben Psychologen vor Jahren herausgefunden. Es ist also völlig legitim, wenn du aufgeregt, nervös, planlos bist, bevor du Hotel Mama oder Papa verlässt. Sei es für immer oder nur für ein Auslandsjahr. Wir Menschen sind, im ganz tierischen Sinne echte Klammeraffen und nehmen nicht so gerne Abschied. Tatsächlich liegt es zum Teil auch noch an den Genen, ob wir für Neuanfänge gut gerüstet sind oder eben nicht. Um auf die nervliche Anstrengung nicht auch noch eine physische zu packen, sind Organisation und „Gewusst wie" die beiden Helferlein, die so manche Stresssituation abfedern. Und damit die Eingewöhnung in die neue Umgebung nicht gleich noch 100 Fragen mehr aufwirft, haben wir hier eine kleine Sammlung nützlicher Alltagslösungen zusammengetragen. Alles, was du hier nicht findest, musst du selbst herausfinden, ein bisschen Abenteuer muss ja noch bleiben, oder?

Timing

Wann man auszieht, dafür gibt es kein Patentrezept. Bei manchen Eltern geht es so gechillt zu, dass ein Auszug wie die Vertreibung aus dem Paradies ist. Anderen kann es mit dem Nestflüchten nicht schnell genug gehen.
Timing ist jedenfalls alles.

1–3 Monate vorher

- Umzug planen, Wohnung vermessen

2 Wochen vorher

- Nachsendeservice der Post
- Evtl. Halteverbotsschilder beantragen
- Freunden/Familie, Arbeitgeber/Uni, Bank, Krankenkasse, Mobilfunkanbieter neue Adresse mitteilen
- Ummelden von Telefon, Strom, Zeitungen

1 Woche vorher

- Packen und ausmisten, einlagern, evtl. noch zum Sperrmüll
- Werkzeug besorgen
- Alte und neue Nachbarn über Umzugslärm informieren

Am Umzugstag

- Evtl. geliehenen Transporter abholen
- Umzugskartons in sinnvoller Reihenfolge bereitstellen, (was als erstes gebraucht wird, wird als letztes verladen)
- Verpflegung für alle Umzugshelfer
- Wichtige Dokumente bereithalten (Schlüssel, Möbelstellplan, Überlebensset für den ersten Abend, Geld, Führerschein, Ausweis)
- Transporter wieder abliefern

Nach dem Umzug

- Schnell alles Auspacken (eine alte Regel sagt, was innerhalb der ersten Woche nicht ausgepackt wird, bleibt bis zum nächsten Umzug in Kisten)
- Behörden informieren: Einwohnermeldeamt (innerhalb von 7 Tagen), KFZ-Stelle, Familienkasse (Kindergeld), evtl. Kreiswehrersatzamt, Arbeitsagentur, Sozialamt
- GEZ anmelden
- Kabelanschluss, Telefon, Internet beantragen
- Strom, Gas bei Versorgungswerken anmelden
- Versicherungen ummelden
- Türschild anbringen
- Einweihungsparty organisieren (vorher die Nachbarn fragen, ob es etwas ausmacht, Nachbarn mit dazu einladen)

Kopf hoch!

Es ist noch kein Umzugsprofi vom Himmel gefallen, aber mit ein paar Tricks kann man schnell einer werden.

- Am Abend vor dem Umzug nicht auf den Putz hauen. Gut ausgeschlafen sind die Nerven einfach dicker und ein Umzug kostet Kraft.
- Kein Alkohol während des Umzugs, da man eventuell noch Auto fahren muss.
- Praktische Kleidung, evtl. Kleider zum Wechseln
- Haustiere am Tag vor dem Umzug zu Tiersittern geben (Tiere vertragen Umzüge nicht gut, außerdem ist die Gefahr groß, dass im allgemeinen Trubel ein Tier durch die geöffneten Türen entwischt)
- Auseinandersetzungen vermeiden, Probleme vertagen bis nach dem Umzug

Ein- und auspacken ...

Endlich in die eigene Bude, raus aus dem Kinderzimmer. Für manchen ist das der Ritterschlag zum Erwachsenwerden. Damit dieser wichtige Schritt kein Stolpern wird, gibt es einige bombensichere Tricks. Planung ist dabei alles: Wann mit wem was umziehen! Eine Checkliste ist weder spießig noch überflüssig. Schließlich muss man bei einem Umzug ziemlich viel gleichzeitig im Blick haben. Einige Wochen vor dem Umzug ist Zeit, sich von der Lego- und Stofftiersammlung zu trennen oder ungeliebte Dinge zu verschenken, zu verkaufen oder wegzuschmeißen. Sobald feststeht, was umzieht, kann man Umzugskartons besorgen. Die gibt's gebraucht kostengünstig bei jeder Umzugsspedition. Und es lohnt sich: Die Dinger sind stabil, lassen sich stapeln und haben Griffe zum Anpacken. Bleibt noch die Frage: Wie kommt der Kram von A nach B? Und hat er überhaupt in der neuen Bude Platz?

Checkliste

- Lieber mehr Kartons besorgen als weniger, zurückgeben kann man sie immer noch.
- Wer mit Freunden umzieht, sollte genau überlegen, wer dafür infrage kommt. Menschen mit zwei linken Händen und nervöse Naturen sind ungeeignet.
- Lieber mehr Helfer als weniger? Besser sind wenige solide Helfer, sonst steht man sich nur gegenseitig im Weg.
- Genügend Zeit einplanen: Schleppen ist anstrengend, deshalb Pausen machen und die Fahrtzeit großzügig kalkulieren. Und Freunde sind keine Möbelpacker. Waschmaschinen und Klaviere sollte man vom Fachmann transportieren lassen.
- Umzugsautos gehören direkt vor die Haustür, deshalb Halteverbotsschilder beantragen. Das kostet zwar etwas, spart aber am Tag X nerven und schont die Muskeln.

... mit Hirn

■ **Zerbrechliches wie Porzellan** wird in Luftpolsterfolie oder Wellpappe verpackt – Vorsicht bei Zeitungspapier, das wiegt viel! Die schweren Sachen werden nach unten gepackt, Leichtes kommt nach oben. Zwischenräume ausstopfen, damit nichts herumkullert. Kartons mit besonders empfindlichem Inhalt werden mit „zerbrechlich" markiert. Ist ein Karton gepackt, ruhig mal probeschütteln. Klappert was, muss man nachbessern.

■ **Kartons immer so packen**, dass sie sich gut schließen, heben und stapeln lassen. Auf die Stirnseite der Kartons mit Edding schreiben, was drin ist. Und wer es superschlau macht, gibt auch noch an, in welches Zimmer der neuen Wohnung der Karton soll. Das spart lästige Fragerei, wenn man eh für nichts Nerven hat.

■ **Die Wahl des richtigen Umzugsautos** hängt von der Umzugsmenge ab. Evtl. die Leute von der Autovermietung fragen, die kennen sich mit den Füllmengen ihrer Autos aus. Da hilft es, wenn man seine Möbel abgemessen hat. Auch im Hinblick darauf, wo sie in der neuen Wohnung stehen sollen. Nur Augenmaß genügt nicht.

■ **Schränke, Truhen, Kommoden** ziehen immer leer um. Schubladen werden einzeln getragen und Türen mit Klebeband verschlossen. Lose Schlüssel mit Tesafilm auf den Rückseiten der Möbel befestigt. Ein Zettel sagt dem Träger, wo das Stück hin muss.

■ **In die neue Wohnung** werden zuerst die Möbel gebracht. Dann die Kartons, die idealerweise zügig ausgepackt werden, sonst gibt es in kleinen Wohnungen schnell einen Stau.

Dos & Don'ts

- Eine alte Regel sagt, was nicht vier Tage nach einem Umzug ausgepackt ist, bleibt die nächsten vier Jahre so stehen. Tatsächlich muss man den Schwung eines Umzugs ausnutzen. Nicht nur, damit der Alltag wieder reibungslos funktioniert, sondern auch, um nicht allzu lange in einem Provisorium zu leben. Das geht aufs Gemüt und bindet Energien.

- Das kommt in den Keller! Wie oft fällt der Satz bei einem Umzug, tatsächlich darf der Keller keine Rumpelkammer werden. Saisonales wie Surfbretter, Skier, Winterreifen und eventuell Muttis gut gemeintes Bügelbrett haben da wunderbar Platz. Wer bereits am Tag des Umzugs den neuen Keller vollmüllt, hat beim Ausmisten vorher was falsch gemacht.

- Nervennahrung: Die berühmte Leberkässemmel kann mal ganz nett sein, aber ein Umzugstag sollte auch kulinarisch getaktet sein. Deshalb vorab informieren, welcher Pizzaservice bei der neuen Wohnung in der Nähe ist. Außerdem Schokolade als Nervennahrung bereithalten, und ein paar Äpfel zwischendurch haben auch noch niemandem geschadet.

- Ganz wichtig: viel trinken! Umzüge sind schweißtreibend und staubige Angelegenheiten. Deshalb Kühltaschen mit Getränken bereitstellen (im Sommer), Thermoskannen mit Heißgetränken (im Winter).

- Vor einem Umzug den alten und den neuen Nachbarn Bescheid geben. Wenn man dabei jedem eine Tafel Schokolade schenkt, ist das eine Investition in die Zukunft und ein Dankeschön an die Vergangenheit.

- Bevor die Helfer kommen, sollte alles gepackt und vorbereitet sein, damit der Umzug nicht unnötig in die Länge gezogen wird.

Was soll wohin

Klingt ein wenig wie Puppenstube basteln, spart aber enorm Nerven: das Probestellen der Möbel auf dem Reißbrett. Natürlich hat heute niemand mehr ein Reißbrett, ein Computer tut's auch, und wer mit einem Grafik-Programm umgehen kann, hat dann Spaß am Bildschirm. Aber es gibt sie noch, die Menschen mit dem Blick fürs Dreidimensionale und die brauchen was zum Anfassen. Also Schere, Klebstoff, Papier und Lineale bereitlegen und los geht's.

Ein Plan, ein Plan

Der Bastler: Millimeterpapier maßstabgetreu in die richtigen Größen einteilen? Wer da wenig Erinnerung an den Matheunterricht hat, kann sich mit dem www.schulminator.com behelfen. Die Möbelchen entweder selber malen, oder aus Schablone ausschneiden (siehe gegenüberliegende Seite), oder fotografieren und aus Laserkopie oder Foto ausschneiden (Achtung: maßstabgetreu, aber der Schulminator machts möglich). Jetzt platzieren. Ist irgendwann das gewünschte Ergebnis dabei, Foto machen und ausdrucken und als Stellplan in die entsprechenden Zimmer hängen.

Der Systemiker: Hier kommt das Karopapier zum Einsatz. Dann allerdings geht der Systemiker grafisch vor und teilt seinen Möbeln geometrische Formen zu, ähnlich wie beim Schiffchen versenken: Ein Kästchen für das Schuhregal, zwei Kästchen für die Kommode, sechs Kästchen für den Tisch. Wer gerne rutschen und schieben will, schneidet die Elemente aus und schiebt sie in die gewünschten Positionen. Zeichenbegabte tragen mit Bleistift die Elemente ein. Das wäre dann auch schon der Stellplan.

Der Modellbauer: Ohne Schaumpappe, Skalpell, Sekundenkleber und eisernes Lineal geht hier gar nichts, denn erst einmal wird die zu beziehende Wohnung nachgebaut. Wie sehr man dabei ins Detail geht, ist dem Tüftler überlassen. Man kann sich verkünsteln oder es pragmatisch zusammenklopfen. Dasselbe gilt natürlich für die Modellmöbel. Der eine behilft sich mit geteilten Zündholzschachteln, der andere baut aus Knete Designersofas. Achtung: Suchtfaktor! Diese Methode macht auch im Team enormen Spaß, ist aber nichts für Menschen, die kurz entschlossen umziehen. Auch hier wird vom Ergebnis ein Foto gemacht, am besten schick ausgeleuchtet, dient es erst als Stellplan, später als erstes Bild an der Wand.

Der Spontane: Er kritzelt auf die Serviette, wie er es sich vorstellt. Die Serviette pinnt er mit einem Reißnagel in die neue Wohnung und macht es dann komplett anders als angedacht. Dennoch hat auch die kleinste Vorbereitung ihren Sinn, denn egal welche Methode ihr wählt, schnell stellt sich raus, ob man zu viel in ein Zimmer packt, oder ob die Möbel etwa zu groß sind für die neue Bleibe. Deshalb erst einmal mit recht wenig und nur dem Nötigsten einziehen, voll wird eine Bude von ganz alleine!

Der Konservative: Er erinnert sich an die Kiste mit Legosteinen, die im elterlichen Keller vor sich hin gammelt. Daraus hatte man doch schon als Kind recht hübsche Zimmer gesteckt? Tatsächlich ist die gute alte Legokiste ein klasse Modellbaukasten. Es kann allerdings passieren, dass die Kiste dann mit umzieht, denn wer einmal mit den Legosteinen anfängt, hört so schnell nicht mehr damit auf.

Checklist

- Karo- oder Millimeterpapier
- Lineal
- Bleistift
- Pappe
- Verschiedene kleine Behältnisse
- Schaumpappe
- Sekundenkleber
- Schneidlineal

Wahlweise

- Legokiste
- Serviette

Durch die Wand

Endlich eigene vier Wände, aber wie die aussehen! Zwar bestimmen die meisten Mietverträge, dass beim Auszug geweißelt werden muss, aber gerade bei billigeren Mietwohnungen, WG-Zimmern oder renovierungsbedürftigen Altbauten kann manchmal ganz schön der Putz bröckeln. Das ist auch schon das Stichwort: Wer seine Wände neu übermalen oder tapezieren möchte, prüfe, was drunter ist! Mit einem Klebeband, das man schnell von der Wand reißt, checkt man, ob der Untergrund an allen Stellen gleich fest sitzt. Tut er's nicht, muss die Wand mit Tiefengrund (aus dem Fachhandel) behandelt werden. Dasselbe gilt bei Kalkgrund, der nicht mit Dispersionsfarbe harmoniert. Ihn erkennt man, wenn man mit dem feuchten Daumen an der Wand reibt und der Daumen sich weiß färbt. Mit der Wurzelbürste schrubbt man dann alles herunter, anschließend kommt Tiefengrund darüber. Tapeten lassen sich oft gut überstreichen, außer Foto- und Strukturtapeten. Auch sie bekommen eine Spezialbehandlung mit Tiefengrund, bevor es farblich in die Vollen geht.

Das brauchst du

- Tapeziertisch
- Quast/Kleisterbürste zum Auftragen des Kleisters
- Eimer
- Zollstock
- Bleistift
- Tapeziermesser, Tapezierschere
- Wasserwaage
- Andrückwalze zum Anbringen der Tapete
- weiche Bürste zum blasenfreien Feststreichen der Tapete
- Kleister
- ausreichend Tapete (vorher ausrechnen, Fototapeten üppig berechnen)

Tapezier dir einen

Damit Tapezieren nicht zu Slapstick gerät, vorher Tapeziervideos mit Schritt-für-Schritt-Anleitung ansehen, z. B. www.zuhause.de. Das richtige Berechnen und Einweichen der Papierbahnen ist das A und O. An zweiter Stelle kommt gleich das richtige Werkzeug: Ein Tapeziertisch ist unerlässlich, einmal gekauft, hat man auch ein prima Möbel für Partys, Flohmärkte oder große Essen. Das saubere und zeitlich richtige Einweichen der Papierbahnen erleichtert alle nachfolgenden Schritte. Übrigens: Zu zweit macht Tapezieren nicht nur mehr Spaß, sondern auch Sinn, es ist wirklich kräftesparender, wenn einer die feuchten Bahnen hochreicht und der andere sie befestigt. Glattstreichen und überschüssige Tapete abschneiden können dann beide.

Wandtattoos

Wer sich die ganze Tapeziererei einfacher vorgestellt hat, der weicht auf Wandtattoos aus. Ob einen Songtext, Poetisches, die Silhouette eines Dackels oder gar nur eine Pusteblume im Flug – die Dekobilder sind easy anzubringen. Richtig inszeniert können Räume optisch erweitert werden. Und kleine Macken in der Wand verschwinden elegant. Die Montage ist auch für Menschen mit zwei linken Händen geeignet: Nur staub- und fettfrei muss der Untergrund sein. Mit einer Hilfsperson lässt sich das Tattoo nach mitgelieferter Anleitung spielend leicht anbringen.

Malen nach Zahlen

- Ausreichend Wandfarbe (vor dem Kauf der Farbeimer die Quadratmeter genau ausrechnen)
- Rolle oder Pinsel, evtl. verschiedene Größen
- Abstreifsieb
- Umrührhölzer
- Teleskopstange
- Abdeckband
- Abdeckfolie
- Kreppband

Farbtyp im Fachgeschäft auswählen und gewunschten Farbton gleich dort mixen lassen. Lieber ein wenig großzügiger einkaufen, Wandfarbe hält sich eine Weile. Die Zimmer mit Abdeckfolie auslegen. Klinken, Türstöcke, Leisten, Lichtschalter mit Kreppband abkleben. Wandfarbe nass in nass auftragen, indem man mit Rolle oder Pinsel immer ein wenig über das bereits Gemalte malt. Immer erst eine Wand fertig malen, nicht an zehn Stellen gleichzeitig beginnen, vor dem zweiten Anstrich trocknen lassen. Wird nur eine Wand farbig, die Ränder der Wand mit breitem Kreppband abkleben. Das ergibt einen sauberen Rand.

Die Wände hochgehen

Vintage Style

Alte Möbel erzählen eine Geschichte. Was haben sie nicht schon alles gesehen und erlebt. Wir reden jetzt nicht von unerschwinglichen Antiquitäten, sondern von ausgemusterten Möbelstücken, deren große Zeit schon etwas zurückliegt. Der Reiz liegt sowohl in den oft preiswerten Anschaffungen als auch in der Kombinationsmöglichkeit. Wer von zu Hause auszieht, hat meist sowieso keine perfekte Einrichtung im Gepäck. Also Lieblingsstücke von daheim mitnehmen (die aus dem Speicher oder Keller, nicht Muttis Biedermeierschreibtisch!), ein paar Abstecher zu Trödel- und Flohmärkten oder Haushaltsauflösungen machen und mutig kombinieren. Auch unrenovierte Wände passen ideal zu Möbeln mit Macken und Kratzern. Und ein angeranztes Parkett gibt dem Vintage Style erst die richtige Patina.

Ideale Vintagemöbel

- Korbmöbel
- Kommoden
- Schultische
- Stühle aus allen Epochen
- Bauerntruhen
- Schränke mit Glaseinsatz
- Tischplatten, die später auf moderne Böcke gelegt werden
- Sachen aus Keramik und Porzellan

Vintage als Stil

Was in Bars, Szenecafés oder Agenturen längst Kult ist, kann auch für zu Hause gut sein. Alte Schulbänke, lederüberzogene Turngeräte, Frisierkommoden, Schneidertische, vier völlig verschiedene Stühle, ein Omasessel geben einem Raum Flair. Doch Achtung: Weniger ist mehr. Ein mit Vintagemöbeln zugestellter Raum kann leicht wie im Museum wirken. Alte Textilien wie Teppiche, Kissen, Vorhängen erst reinigen, desinfizieren und mit Mottenpapieren behandeln, das schützt vor ungeliebten Mitbewohnern.
Möbel vom Sperrmüll sollten ebenfalls sorgfältig gereinigt werden. Rohholz kann mit ökologisch unbedenklichen Ölen eingelassen werden. Das Innenleben schon betagter Schränke darf im Gegensatz zum äußeren Shabby-Look hygienisch sein, zum Beispiel durch moderne Tapete, knallige Lackfarben oder einfach peppiges Schrankpapier. Den typischen Trödelgeruch bekommt man mit großzügig ausgelegten Seifenstücken weg oder mit einem Körbchen voller getrockneter Lavendelblüten.

Dos & Don'ts

- Nicht zu viele alte Trümmer in einen kleinen Raum. Lieber Luft lassen oder Neues dazu kombinieren.
- Nicht alles, was alt ist, hat Charme. Zur Anschaffung auch die Meinung von anderen hören, oder probestellen.
- Unansehnlich Altes lässt sich aufpimpen (siehe S. 20).
- Alte Möbel sind oft dunkel – da hilft abbeizen.
- Was im Sperrmüll landet, hat oft eine bewegte Geschichte: auf Schimmel, Holzwürmer, Motten und anderes Ungeziefer achten.

Schöne Risse

Möbel frisieren

In den 1980er Jahren von der britischen Innenarchitektin Rachel Ashwell kreiert und benannt, ist der Shabby Chic heute einer der populärsten Einrichtungsstile. Das Prinzip? Aus Alt mach Neu, oder Altes so auffrisieren, dass Gebrauchsspuren als Stilmittel eingesetzt werden, Flohmarktfunde so aufpimpen, bis sie stylish wirken. Nein, man muss dazu weder Möbelbauer noch Restaurateur sein, und auch handwerkliche Grobmotoriker können hier Design-Preise abräumen. Das Prinzip heißt: abkupfern, klauen und gut kopieren, natürlich nur Ideen! Für einen spektakulären Auftritt wie im Theater sorgen die aufgemotzten alten Stücke ganz von alleine.

Geschirrmix

Geschirr aus verschiedenen Epochen, zusammengesammelt auf Flohmärkten, ist nicht nur preiswert sondern auch schick. Am besten die Geschirrteile immer in einer Farbe sammeln, dann entsteht trotz Unterschiedlichkeit eine Einheit. Übrigens ist diese Technik nicht neu: Im 19. Jahrhundert gab es die sogenannten Sammeltassen, die nach und nach zusammengetragen wurden. Die Unterschiedlichkeit war geradezu erwünscht! Ganz schön trendy unsere Vorfahren!

White schick

Der einfachste Weg, um an shabbyschicke Möbel zu kommen, ist das Weißeln alles Alten. Ein oller wuchtiger Schrank in dunklem Holz, der aber Zierleisten und schöne Formen aufweist, wird mit einem weißen Lackanstrich zum Schmuckstück der Wohnung. Vorher allerdings abklären, ob das gute Stück nicht einen Sammlerwert hat. Korbstühle gewinnen nicht nur optisch, wenn man sie weiß lackiert, sie bekommen auch noch mehr Halt und können so wieder wetterfest werden. Kommoden, von denen schon der Lack abblättert, werden abgeschliffen (Maschinen kann man im Baumarkt leihen), dann grundiert und mit Matt- oder Glanzlack im wahrsten Sinne aufgemöbelt.

Stuhlgulasch

Kein Stuhl passt zum anderen: hervorragend, die ideale Voraussetzung, um einen gelungen Stuhlmix zu erzeugen. Ist der Rest der Wohnung hell und weiß, können die Stühle in ihrer Ursprungsfarbigkeit bleiben. Ist der Rest der Wohnung auch schon farbig, dann kann man sehr unterschiedliche Stühle mit ein und demselben Anstrich harmonisieren. Ein wenig Theateratmosphäre entsteht da ganz nebenbei.

Koffertisch

Noch einen alten Koffer im Keller, also einen richtig alten, nicht einen aus Plastik oder Karbon? Dann ist der perfekte Couchtisch schon fertig. Übrigens kann man die Koffer auch anstreichen!

Reißlack & Krakelüre

Reißlack
Wer nicht 80 Jahre darauf warten möchte, dass ein Möbel eine antike Patina bekommt, kann mit Reißlack nachhelfen. Bereits lackierte Möbel werden mit Reißlack eingestrichen. Durch die unterschiedliche Oberflächenspannung entstehen beim Trocknen kleine Haarrisse, die sympathisch nach „old school“ aussehen.

Antik-Lack
Antik-Lack ist ein transparenter Unterlack, der das Aufreißen von darüber gestrichenen Acrylfarben bewirkt.

Vintage-Look-Lacke
Verschiedene Hersteller bieten Lacke, Wachse und Anstriche an, die stumpf und unregelmäßig dichttrocknen.

Weiße Lasur
Lasuren lassen die Holzfarbe durchscheinen.

Special Verträge

Mietverträge können manchmal nicht ganz einfach sein. Wichtig ist, sich immer den ganzen Vertrag mit allen dazugehörigen Anlagen wie z. B. Hausordnung, Pflegehinweise für Fenster, Parkett etc. vor der Unterschrift durchzulesen und bei Unklarheiten genau nachzufragen. Mit der Unterschrift erkennt man alle Bedingungen an und ist im Zweifel haftbar. Zwar werden meist Standardverträge verwendet, dennoch kann man sie individuell anpassen. Muss man beispielsweise einen Stellplatz mitmieten, benötigt ihn aber nicht, kann man in Absprache mit dem Vermieter im Mietvertrag schriftlich festhalten, dass der Stellplatz untervermietet werden darf. Damit gibt es eine klare schriftliche Regelung, die im Zweifel herangezogen werden kann.

Mieten, Unter(ver)mieten

■ Hat man die passende Wohnung gefunden, geht es an den Mietvertrag. In den letzten Jahren sind Vermieter zunehmend dazu übergegangen Staffel- oder Indexmieten zu vereinbaren.

■ Bei der Staffelmiete steigt die monatliche Nettomiete jährlich bzw. in einem vereinbarten Rhythmus um einen bestimmten Prozentsatz. Die Nebenkosten sind in der Regel nicht davon betroffen. Die Mieterhöhung ist präzise im Mietvertrag festgelegt.

■ Bei einer Indexmiete ist es nicht ganz so präzise festgelegt. Hier kann der Vermieter die Nettomiete jährlich anpassen, muss er aber nicht. Steigt der Verbraucherindex für Mieten in Deutschland, kann der Vermieter die Nettomiete um die Steigerung erhöhen. Andersherum ist auch eine Anpassung nach unten möglich. Es ist sinnvoll, beim Vermieter, Nachbarn oder Makler nachzufragen, wie oft der Vermieter das in den letzten Jahren gemacht hat. Manche Vermieter schreiben es zwar in den Mietvertrag, machen aber selten bis gar nicht Gebrauch davon.

■ Möchte man eine WG eröffnen, ist dies mit dem Vermieter im Vorfeld zu klären. Beim Mietvertrag gibt es zwei Möglichkeiten: Alle Mitbewohner werden in den Hauptmietvertrag aufgenommen oder es gibt einen Hauptmieter, der mit den anderen Mitbewohnern Untermietverträge abschließt. Das ist die häufigste Form und es sollte im Hauptmietvertrag festgelegt sein, dass untervermietet werden darf. Nur bei Überbelegung der Wohnung oder besonderen Gründen gegen die Person des Untermieters darf ein Vermieter die Untervermietung verbieten. Lehnt er eine Untervermietung ohne ausreichende Argumente ab, hat der Hauptmieter ein Sonderkündigungsrecht.

■ Zieht man in eine bestehende WG ein, sollte man fragen, ob die Untervermietung schriftlich mit dem Vermieter geregelt ist, sofern man nicht in den Mietvertrag eintritt. Eine nicht genehmigte WG ist nach erfolgloser Abmahnung ein Grund für eine fristlose Kündigung. Am besten teilt man dem Vermieter auch die Namen der Untermieter mit.

■ Egal, ob man alleine oder zusammen in eine Wohnung zieht, es ist für alle Seiten am besten, wenn man besondere Genehmigungen u. ä. schriftlich festhält und von allen Beteiligten unterzeichnen lässt, sei es im Mietvertrag oder separat.

Kautionen, Übergabe

Mietet man eine Wohnung, ist meist auch eine Kaution fällig. Die Kaution ist eine Sicherheit für den Vermieter, falls Schäden nach dem Auszug repariert werden müssen, die über die normale Abnutzung hinausgehen. Die Kaution muss über die Laufzeit verzinst werden, meist ist sie in einem Kautionssparbuch angelegt. Die Sparurkunde wird dem Vermieter übergeben und man erhält sie nach Wohnungsübergabe zurück, sofern keine außerordentlichen Reparaturen anstehen.

Vor dem eigentlichen Einzug steht die Wohnungsübergabe. Am besten nimmt man sich einen Freund, ein Elternteil oder einen Kollegen mit. Im Übergabeprotokoll werden die Zählerstände von Wasser, Heizkörpern etc. festgehalten. Außerdem sollte jeder Mangel, den die Wohnung hat, z. B. ein Sprung im Waschbecken, eine abgeschlagene Fliese, ein alter Wasserschaden auf dem Parkett etc. vermerkt werden. Tut man dies nicht, kann man als Mieter nicht mehr nachweisen, dass der Mangel schon beim Einzug vorhanden gewesen ist. Ist der Schaden nur gering und beeinträchtigt die Nutzung der Wohnung nicht, kann mit dem Vermieter auch vereinbart werden, dass er nicht bzw. erst zu einem späteren Zeitpunkt repariert wird.

Der Mensch

muss essen

Basics kochen

Kochen ist wirklich easy. Mit ein paar Basic-Handgriffen, kann man aus wenigen frischen Zutaten kreativ kochen – auch in der kleinsten Küche. Als Grundlage für eine warme Mahlzeit dienen oft Reis, Nudeln oder Kartoffeln. Kocht man gleich mehrere Portionen, ist der Aufwand an den folgenden Tagen übersichtlich. Aus kalten Kartoffeln lassen sich wunderbar Bratkartoffeln oder ein Bauernomelett zaubern. Gekochte Nudeln sind mit passierten Tomaten, ein paar Gewürzen und geriebenem Käse im Handumdrehen in einen leckeren Auflauf verwandelt. Mit Zwiebeln, Currypulver und Mais wird aus übrig gebliebenem Reis ein schnelles Pfannengericht. Koriander oder Petersilie drüber, macht auch optisch was her!

Reis & Co.

Keine Angst vor Reis! Für zwei nette Esser geht es so: Eine Tasse Reis in zwei Tassen warmes Wasser geben, eine ordentliche Prise Salz dazu und rasch zum Kochen bringen. Sobald das Wasser sprudelt, die Hitze auf kleinste Stufe stellen, Deckel auflegen und den Reis so lange quellen lassen, bis kein überschüssiges Wasser mehr zu sehen ist. In der Regel reichen 20 Minuten dafür aus. Dann den Herd ausstellen,den Deckel weglegen und den Reis einmal umrühren.
Achtung bei Wildreis, der braucht ein wenig länger.

Nudeln & Co.

Nudeln gehen immer! Je nachdem wie sättigend Soßen oder Beigaben sind, reichen pro Person 100 bis 150 g trockene Nudeln. Die Faustregel lautet 1 l Wasser und ca. ½ TL Salz pro 100 g Nudeln. So einfach geht's: Wasser zum Kochen bringen, sobald es sprudelt, Salz zufügen. Dann die Nudeln zugeben und umrühren, auch während des Kochens damit sie nicht aneinander kleben. Die Kochzeit steht meist auf der Packung. Kurz vor Ende der Kochzeit probieren, ob der „Biss" stimmt. Fertige Nudeln in ein Sieb abgießen. Nicht unter fließendem Wasser abschrecken – das hat vielleicht noch Mutti gemacht, ist aber ein Küchenmärchen! Die nicht abgeschreckten Nudeln nehmen die Soße besser auf. Grundsätzlich kann Nudelwassers zum Verdünnen der Soßen verwendet werden – die darin enthaltene Stärke bindet gut!

Kartoffeln

Pellkartoffeln werden mit Schale im Ganzen gekocht, Salzkartoffeln ohne Schale und halbiert oder geviertelt. Darauf achten, dass die Kartoffelstücke etwa gleich groß sind, damit sie auch gleichzeitig fertig sind. Die Kartoffeln in einem Topf mit Wasser bedecken und bei geschlossenem Deckel garen. Sobald das Wasser kocht, die Temperatur reduzieren. Zum Gartest sticht man mit einer Gabel in eine Kartoffel, das sollte butterweich gehen. Sind die Kartoffeln fertig, kann das Wasser abgegossen werden. Mittelgroße Pellkartoffeln brauchen ca. 30 Minuten.
Für Ofenkartoffeln werden Kartoffeln geschält, in ca. 1 cm dicke Scheiben geschnitten, mit etwas Öl eingepinselt, gesalzen und 20 Minuten bei 200 °C im Ofen gegart. Zu allen Kartoffeln passt ein Dip aus Quark, Sauerrahm, Salz, Pfeffer, etwas Zucker und Kräutern.

Sieden

Sieden ist das, was man allgemein als kochen oder köcheln bezeichnet. Das Wasser ist am Siedepunkt und wirft Bläschen. Mit dieser Methode gart man Nudeln, Kartoffeln, Gemüse und z. B. Getreide oder Ähnliches.

Braten

Beim Braten wird z. B. Fleisch, Fisch und/oder Gemüse meist in einer heißen Pfanne mit Fett gegart.

Grillen

Grillen geschieht nicht nur auf einem Grill, sei es mit Holzkohle, Gas oder Elektro, sondern kann auch im Backofen angewendet werden. Viele Backöfen haben mittlerweile eine Grillfunktion, die sehr große Hitze von oben liefert. In der Regel schaltet man sie am Ende für ein paar Minuten zu, um z. B. eine schöne Kruste beim Braten oder auf einem Gratin hinzubekommen.

Schmoren

Beim Schmoren wird Fleisch oder Gemüse erst angebraten und dann in Brühe oder einer Soße bei geschlossenem Deckel langsam fertig gegart. Im Vergleich zum Sieden oder Braten dauert Schmoren sehr lange, aber durch diese schonende Methode wird das Gargut zart und sehr geschmackvoll. Bei Gemüse eignen sich besonders feste Sorten wie Kartoffeln, Wurzelgemüse oder auch Kohl. Rouladen und Gulasch gehören zu den klassischen Schmorgerichten.

Backen

Beim Backen im Ofen wird mit trockener Hitze das Essen gegart. Da der Ofen nicht so heiß wie eine Pfanne wird, dauert es hier auch meist ein wenig länger. Aufläufe, Pasteten und Gebäck werden im Ofen gebacken. Und Kuchen erst!

Muttis **Rezeptmix**

Futtern wie bei Muttern, das wäre natürlich das Beste in der eigenen Bude. Doch was tun, wenn man nicht mehr zu Hause wohnt? Überfürsorgliche Mütter kochen natürlich gerne vor und geben dem Nachwuchs am Ende des Wochenendbesuchs neben der frisch gewaschenen Wäsche auch die portionsweise abgepackten Mahlzeiten mit. Wenn Mutter zu weit weg wohnt, dann musst du selbst den Kochlöffel schwingen. Das ist viel leichter als du denkst. Und die Rezepte kann man sich nach und nach von der Mutter schicken lassen, beim Besuch mitkochen (und lernen) oder mitschreiben – natürlich dürfen auch Omas Rezepte in der Sammlung nicht fehlen! So kannst du dir auch mal selber die leckeren Rouladen machen oder das gute Omagulasch.

Rezeptsammlung

Um all die leckeren Rezepte zu sammeln, die man bei Mama, Oma, Tanten etc. abgestaubt hat, legt man sich am besten ein kleines Ringbuch an. So kann man die Rezepte leicht sortieren und in den einzelnen Rubriken gut ergänzen. Wie man sich die Rezepte am besten notiert, bekommt man mit der Zeit raus. Am Anfang wird jeder Handgriff notiert, mit der Zeit werden es eher Stichpunkte.

Guten **Hunger!**

Rouladen, Frikadellen, Gulasch – die gute Hausmannskost ist auch in den ersten eigenen vier Wänden leicht zu machen. Manches braucht ein wenig Zeit, da kocht man am besten gleich mehr. Und wenn man nicht gerade Freunde damit bewirtet, können die Gerichte meist gut aufbewahrt und wieder aufgewärmt werden.
Aus der Hackfleischfüllung für die Rouladen (Rezept rechte Seite) lassen sich auch Frikadellen braten. Statt der Semmelbrösel kann man natürlich auch eine altbackene Semmel verwenden, die man in etwas Milch und/oder Wasser eingeweicht und gut ausgedrückt hat. Verfeinert werden kann die Fleischmasse auch mit Senf, Meerrettich und anderen Gewürzen, einfach mal ausprobieren.
Auch ein Gulasch ist simpel gemacht: Man braucht für 4 Portionen 1 Bund Suppengemüse, 1 mittlere Kartoffel, 400 g Gulaschfleisch, 1 große Zwiebel, 2 EL Tomatenmark, ½ l Rinderbrühe, ½ l Rotwein oder Bier und ein paar Gewürze.
Das Gemüse und die Kartoffel putzen und in 1 cm große Würfel schneiden. Die Zwiebel schälen und ebenfalls würfeln. Beim Fleisch große Würfel eventuell halbieren und dicke Sehnen abschneiden. In einem großen Topf etwas Öl erhitzen und Zwiebel, Gemüse und Kartoffel darin 5 Minuten anbraten. Dann das Fleisch zugeben und von allen Seiten heiß anbraten. Das Tomatenmark unterrühren und alles kräftig mit Pfeffer und Paprika würzen. Dann mit Brühe und Wein oder Bier ablöschen, evtl. salzen.
Einmal aufkochen lassen, die Temperatur auf die Hälfte reduzieren und bei geschlossenem Deckel mindestens 90 Minuten köcheln lassen. Zwischendurch umrühren und nach Bedarf etwas Flüssigkeit nachgießen, nachwürzen. Dazu passen Knödel, Nudeln, Kartoffeln oder ein Brötchen.

Lieblingsessen: Rouladen & Co.

Rouladen kann keiner so gut wie Oma bzw. Mutti. Aber davon darf man sich nicht entmutigen lassen, denn Rouladen sind gar nicht schwer zu machen.

Und so einfach geht's:

- Für 4 Rouladen braucht man 8 große Kohlblätter, die Sorte ist egal. Die Blätter werden ca. 3 Minuten in heißem Wasser gekocht und dann zum Auskühlen ausgelegt.
- Für eine Fleischfüllung verknetet man 400 g Hackfleisch mit 1 Ei, 1 klein gehackten Zwiebel und 3 EL Semmelbröseln. Die Masse mit Salz, Pfeffer, Majoran und gehacktem Knoblauch kräftig abschmecken.
- Je 2 Kohlblätter übereinander legen und ein Viertel der Hackmasse an der Strunkseite zu einer Rolle formen. Dann die Blätter an den Seiten einschlagen und zu einer Roulade aufrollen. Mit Küchengarn zubinden.
- Die Rouladen nebeneinander in eine Auflaufform legen, mit ¼ l heißer Rinderbrühe übergießen und bei 180 °C im vorgeheizten Ofen etwa 30 Minuten garen.
- Die Rouladen lassen sich auch vegetarisch mit gegarten Linsen, Reis, Kartoffelpüree und/oder Gemüse füllen.

schmeckt so gut

Nostalgieküche

Auch das Backen darf nicht zu kurz kommen. Nicht nur in der Weihnachtszeit sollte der Ofen angeschmissen werden. Hat man nur eine kleine Küche ohne großen Ofen, tut es auch ein Miniofen für Plätzchen, Kuchen und Pizza. Da es so viele Singlehaushalte gibt, ist auch das Angebot an kleinen Backformen etc. deutlich gößer geworden. Außerdem können viele Muffin- und Pralinenförmchen auch direkt zum Backen verwendet werden. So spart man sich das Muffinblech. Bei dünnen Papierförmchen stellt man einfach zwei ineinander, das gibt mehr Stabilität. Mehl, Zucker, Butter, Ei – und schon geht's los!

Grundausstattung

Ein klein wenig Grundausstattung für die Bäckerei hat Platz in jeder Küche.

■ Rührschüssel – nicht nur zum Teigrühren, man kann sie auch als Salatschüssel nehmen.

■ Teigrolle – leichter zum Ausrollen als mit einer Weinflasche.

■ Handrührgerät – man könnte auch ohne, aber es erleichtert die Arbeit. Manche Geräte haben neben Knethaken und Quirl auch einen Pürierstab dabei.

■ Backpinsel – zum Einstreichen von Formen, Bestreichen vor oder nach dem Backen

■ Backform – ob klein oder groß, rund oder länglich, den meisten Kuchen ist das egal. Je höher der Teig in der Form, desto länger die Backzeit.

■ Holzstäbchen – Um zu testen, ob der Kuchen fertig ist, steckt man ein Stäbchen rein. Klebt kein Teig mehr dran, ist er gar.

Weihnachtsbacken

In der Adventszeit dürfen die Plätzchen nicht fehlen. Eigentlich wird man von der Verwandtschaft mit Plätzchen versorgt, aber selbst gebacken und verziert schmecken sie auch sehr gut.

■ Für einen einfachen Grundteig mischt man 500 g Mehl, 200 g Zucker, 1 Tütchen Vanillezucker und 1/2 Tütchen Backpulver in einer Rührschüssel. Dann formt man eine Mulde in die Mitte und schlägt zwei Eier rein. Auf dem Rand verteilt man 250 g sehr weiche Butter.

■ Jetzt alles zu einem glatten Teig verkneten, in Frischhaltefolie einschlagen und mindestens 30 Minuten im Kühlschrank ruhen lassen.

■ Dann portionsweise ca. 3 mm dick ausrollen und ausstechen. Wer keine Ausstecher hat, kann auch ein Glas nehmen oder mit einem Messer den Teig in Vierecke schneiden. Für Keksstempel den Teig etwas dicker ausrollen. Die Plätzchen auf ein mit Backpapier ausgelegtes Backblech setzen und im vorgeheizten Ofen bei 180 °C ca. 8 bis 10 Minuten backen.

■ Währenddessen die nächste Runde ausstechen und schon auf ein Backpapier setzen. Teigreste einfach wieder zusammenkneten. Wird der Teig zu weich, legt man ihn einfach noch mal in den Kühlschrank.

■ Nach dem Backen die Plätzchen mit dem Papier vom Blech ziehen und auskühlen lassen.

■ Für die Glasur 2 gehäufte EL Puderzucker in ein Schälchen geben und 1 TL Wasser, Zitronen- oder Orangensaft dazugeben. Alles glattrühren. Ist die Glasur zu fest, noch Tropfenweise Flüssigkeit einrühren. Ist sie zu flüssig, noch etwas Puderzucker unterrühren. Wahlweise mit Speisefarbe einfärben.

■ Die Puderzuckerglasur auf die ausgekühlten Plätzchen streichen, verzieren und fest werden lassen.

Rühr mich Kuchen

Rührkuchen

Klassisch
5 Eier
200 g Zucker
250 g Butter
250 g Mehl
1 TL Backpulver

Mit Joghurt
3 Eier
1,5 Becher Joghurt (150-g-Becher, ist das Maß für andere Zutaten)
175 g Butter
3 Becher Mehl
1,5 TL Backpulver
1,5 Becher Zucker

Rührkuchen sind einfach und lassen sich mit allem möglichen Varieren. Das Zusammenrühren funktioniert immer nach dem gleichen Prinzip:

- Die weiche Butter mit Eiern und Zucker ca. 10 Minuten verrühren, bis sich die Farbe ändert.
- Bei Kuchen mit Joghurt wird jetzt der Joghurt untergerührt. Als Letztes mischt man Mehl und Backpulver und rührt es nach und nach unter.
- Die Kuchenform mit etwas Butter einfetten und mit Mehl oder Semmelbröseln ausstreuen. Silikonformen werden nur kalt ausgespült. Papierförmchen aufstellen oder in ein Muffinblech setzen, falls man eines hat.

Und jetzt kann man nach Herzenslust variieren:

- Marmorkuchen – Eine Teighälfte mit ca. 2 EL Backkakao verrühren.
- Zitronenkuchen – Saft und abgeriebene Schale von einer unbehandelten Zitrone unter den Teig rühren.
- Mohnkuchen – 100 g geriebenen Mohn unter den Teig rühren. Die Menge kann man nach Geschmack verändern oder auch nur einen Teil mit Mohn mischen.
- Den Ofen auf 200 °C vorheizen, die Backzeit hängt von der Form und Größe ab: große Springform ca. 40 Minuten, Kastenform ca. 50 Minuten, Muffins ca. 20 Minuten.

Voll Convenience

Tütensuppen, Packerlsoßen, Fertiggerichte – es gibt viele Produkte, die das Kochen erleichtern sollen. Wenn es mal schnell gehen muss und man keine Reste mehr im Kühlschrank hat, kann man schon mal auf die Tiefkühlpizza zurückgreifen. Die meisten Produkte enthalten aber Geschmacksverstärker und andere Zusatzstoffe, die auf Dauer nicht gerade gesund sind. In Sachen Convenience Food unterscheidet man zwischen küchenfertig (z. B. Tiefkühl-Gemüse oder eine Backmischung), garfertig (z. B. Nudeln oder Tiefkühl-Pommes-frites), aufguss-/anrührfertig (z. B. Kartoffelpüreepulver oder Tütensuppe), zubereitungsfertig (z. B. Konserven oder Tiefkühl-Fertiggerichte) und verzehrfertig (z. B. Fischkonserven oder Fruchtjoghurt).

Tipp 1

Bei küchen- und garfertigen Produkten darauf achten, dass keine Zusatzstoffe enthalten sind. Tiefkühl-Obst und -Gemüse ist besonders praktisch, weil man kleine Mengen nach Bedarf entnehmen kann. Da das Obst und Gemüse in der Regel direkt nach der Ernte eingefroren wird, hat es häufig eine bessere Qualität als frisches Obst und Gemüse, das erst um die halbe Welt reisen muss, bevor es in unseren Supermärkten ankommt. Gerade Spinat, Erbsen oder auch Beeren kann man immer griffbereit im Tiefkühlfach lagern. Bei kleinen Fächern sind Tüten praktischer, da sie mit zunehmendem Verbrauch auch weniger Platz belegen.

Nudeln und passierte oder gehackte Tomaten sollte man immer im Vorratsschrank haben. Mit ein wenig Oregano, Basilikum, Salz und Pfeffer ist im Handumdrehen eine leckere Tomatensoße gezaubert.

Tipp 2

Zu den aufguss- oder anrührfertigen Produkten zählen z. B. auch Brühen. Gemüsebrühe sollte man immer im Haus haben, sie bringt eine gute Grundwürze in Soßen. Mit Reis- oder Nudelresten und etwas frischem Gemüse ist daraus auch schnell eine Suppe zubereitet.

Zwar ist ein Kartoffelpürree auch schnell frisch gekocht, aber auch das fertige kann ganz lecker sein. Man kann es auch zum Andicken einer Kartoffelsuppe verwenden. Aus Kartoffelpürree, 1 Ei, etwas Mehl oder Semmelbröseln und 2 EL Maiskörnern sind ruckzuck Kartoffelpflanzerl gebraten. Einfach alles gut mischen, zu kleinen Frikadellen formen und in heißem Öl ausbraten.

Auch Tütensuppen oder -soßen kann man gut als Basis verwenden. Mit ein paar frischen Zutaten und Gewürzen sind sie schnell zu einem leckeren Gericht verfeinert.

Tipp 3

Zubereitungs- und verzehrfertiges sollten im Speiseplan die Ausnahme bilden. Ein Beerenjoghurt hat meist noch nie Beeren gesehen. Gesünder ist es, Naturjoghurt mit ein paar frischen oder tiefgekühlten Beeren zu mischen. Kleine Tiefkühlbeeren müssen nicht mal aufgetaut werden und sorgen noch für den Extraknack. Je nach Geschmack noch etwas Honig oder Zucker unterrühren und fertig.

Unter den Fischkonserven ist Thunfisch in Öl oder eigenem Saft der Klassiker. Mit etwas Frischkäse oder Salatcreme, Salz, Pfeffer und Zitronensaft ist er schnell zu einem leckeren Dip oder Aufstrich verrührt. Er passt zu Tomatensoße mit Oliven oder auch auf die Pizza. Wenn es schnell gehen muss, schmeckt er auch wunderbar mit einem Spritzer Zitrone und etwas Salz auf Toast.

Easy Pizza

Um sich relativ schnell eine leckere Pizza zuzubereiten, braucht man nicht unbedingt auf die fertige Tiefkühlpizza zurückzugreifen. In den Kühltheken findet man meist ein Pizzakit mit Teig und Tomatensoße, das man zu Hause nur noch belegen muss. Alternativ kann man auch tiefgekühlten Hefeteig, gekühlten Mürbteig oder sogar Blätterteig verwenden. Es gibt auch tiefgekühlten Pizzateig in Platten und Kugeln, Letztere brauchen aber lange zum Auftauen.

Gefrorene Teigplatten ca. 15 Minuten bei Zimmertemperatur antauen lassen oder beim Vorheizen des Ofens ein paar Minuten mit hineinlegen.
Die Tomatensoße ist schnell aus passierten oder gehackten Tomaten, Salz, Pfeffer und etwas Oregano zusammengerührt.
Den Teig etwas ausrollen, mit der Tomatensoße bestreichen. Wer mag, streut noch gehackten Knoblauch darüber.
Dann wird nach Lust und Laune belegt: Zwiebelringe, Zucchinischeiben, klein geschnittene Paprika, in Scheiben geschnittene Pilze, gehackter Spinat (muss nicht vorher aufgetaut werden), Schinken, Salami, Oliven, Thunfisch, Feta, Gorgonzola, geriebener Käse …

Die Pizza bei 220 °C im vorgeheizten Ofen ca. 20 Minuten auf der mittleren Schiene backen. Die Pizza ist fertig, wenn der Boden kross ist. Je dicker der Boden und je mehr Belag darauf ist, desto länger backt die Pizza. Bei dünnem Boden und wenig Belag schon nach 15 Minuten schauen, ob sie fertig ist.

Alternativ kann man auch den Boden mit Sauerrahm bestreichen, mit Salz und Pfeffer würzen und Schinken- und Zwiebelwürfel darauf verteilen – nach 15 Minuten im Ofen ist der Flammkuchen fertig.

Wahnsinns vegetarisch

Gesunde Ernährung liegt voll im Trend und ist auch gar nicht so schwer umzusetzen. Wer kann, greift auf Bio-Lebensmittel zurück. Bei frischem Obst und Gemüse sollte man aber darauf achten, woher es kommt. Lieber mal auf bio verzichten und regional einkaufen. Apropos Obst und Gemüse: Auf Fleisch zu verzichten ist ganz einfach und zudem lecker und gesund. Man muss nicht zum Vollblutvegetarier werden, aber es schadet nicht, sich Gedanken über seinen Fleischkonsum zu machen. Gerade günstige Fleisch- und Wurstwaren enthalten oft viel Fett. Weniger bis gar kein Fleisch auf dem Speiseplan schont zudem den Geldbeutel.

Was ist **vegan?**

Veganer gehen noch einen Schritt weiter: Sie verzichten auf alle tierischen Produkte, sei es in Lebensmitteln, Kleidung oder sonstigen Produkten. Wie auch bei den Vegetariern gibt es natürlich auch hier verschiedene Abstufungen, die jeder für sich selbst entscheiden muss.
In Sachen Lebensmittel sind nicht nur Fleisch, Eier, Milch und Milchprodukte von der Liste gestrichen, auch Honig und klassische Gelatine (wie in Gummibärchen) zählen zu den nicht veganen Lebensmitteln. Da immer mehr Menschen auf ihre Ernährung achten, ziehen auch die Supermärkte nach und kennzeichnen ihre Produkte entsprechend. Bei nicht gekennzeichneten Produkten gilt: Immer auf die Zutatenliste schauen!

Tipps

Achte beim Einkauf von frischen Produkten wie Obst und Gemüse auf das Herkunftsland.

Obst und Gemüse sollte dann gekauft werden, wenn es bei uns Saison hat. Die Sorten sind dann nicht nur meist günstiger, sie schmecken auch viel besser, weil sie aufgrund der kürzeren Transportwege länger reifen können.

Wer nicht ganz auf Fleisch verzichten will, sollte sich lieber nur ab und zu ein Stück mit guter Qualität und Herkunft gönnen als häufig günstigeres Fleisch aus Massentierhaltung.

Bio-Qualität muss nicht unbedingt teurer sein. Gerade bei losem Obst und Gemüse lohnt es sich, die Preise zu vergleichen.

Haltbare, vegane Lebensmittel können auch im Internet bestellt werden, wenn kein ausreichend großes Angebot in der Nähe verfügbar ist.

Mini-Auflauf

Für 4 kleine Förmchen
1–2 Tomaten
200 g Spinat (frisch oder TK)
5 mittelgroße Champignons
1 kleine Zwiebel
etwas Öl
2 EL Semmelbrösel
Salz, Pfeffer
2 Eier
200 g Joghurt
100 g geriebener Emmentaler
Butter und Semmelbrösel für die Förmchen

Tomate waschen, Stielansatz entfernen und in 8 Scheiben schneiden. TK-Spinat auftauen, frischen Spinat verlesen, waschen und abtropfen.

Champignons säubern und in dünne Scheiben schneiden. Zwiebel schälen und klein würfeln. Etwas Öl in einer Pfanne erhitzen, Zwiebel und Pilze darin kurz anbraten. Spinat und Semmelbrösel zufügen und alles mit Salz und Pfeffer würzen. Abkühlen lassen.

Die Eier mit dem Joghurt verquirlen und mit der abgekühlten Mischung vermengen. Die Auflaufförmchen mit Butter ausstreichen und mit Semmelbröseln ausstreuen.

Je eine Tomatenscheibe in die Förmchen legen, die Mischung darauf verteilen und obenauf eine Tomatenscheibe legen. Mit Käse bestreuen und bei 200 °C ca. 20 Minuten backen.

Haushaltsbuch

Haushaltsbuch klingt nach einem antiquierten Überbleibsel aus dem letzten Jahrhundert. Doch gerade, wenn das Geld manchmal etwas knapp ist, ist es eine einfache Methode, Ausgaben und Einnahmen im Blick zu behalten. Immer wenn es heißt: „Am Ende des Geldes ist noch viel Monat übrig“, einfach mal über mehrere Wochen hinweg alle Ausgaben und Einnahmen aufschreiben. Dann erkennt man schnell, wo sich eventuell ein bisschen Geld sparen lässt. Manchmal kann es auch sinnvoll sein, zu notieren, was man an Lebensmitteln wegwirft, weil sie nicht mehr genießbar sind. Das hilft, den Einkauf besser zu planen und damit Geld zu sparen. Neben diesen kurzfristigen Maßnahmen gibt es natürlich auch längerfristige Sparpläne. Besonders Strom- und Heizkosten bieten da meist ein großes Potenzial.

Tricks

- Verschiedene Spardosen anlegen: Waschsalon, Lebensmittel, Weggehen, Urlaub, etc. So teilt man das Geld ein bisschen ein und hat, wenn es ganz eng wird, auch noch etwas zur Verfügung.
- Lebensmitteleinkauf planen und nur das kaufen, was man benötigt.
- Preise vergleichen und Angebote der nahen Supermärkte nutzen.
- Wenn sich Reste im Kühlschrank ansammeln, einfach ein „Best of Kühlschrank“-Gericht machen, viele kleinere Reste lassen sich gut kombinieren.
- Vor einer Geräteanschaffung überlegen, ob man das Gerät dauerhaft nutzt. Mittlerweile gibt es viele Leihstellen und -börsen, nicht nur für Bohrmaschinen und Ähnliches.
- Öfter mal einen Salat oder ein Sandwich mitnehmen, statt mittags Essen zu gehen.

Heiztipps

- Ist man den ganzen Tag unterwegs, die Heizung herunterdrehen.
- Im Winter regelmäßig kurz Stoßlüften, damit die feuchte Heizluft entweichen kann, währenddessen die Heizung abdrehen.
- Die Zimmer entsprechend der Nutzung heizen. Bei Wohnräumen werden ca. 20 °C empfohlen, in Schlafräumen 15–18 °C.
- Die Heizkörper regelmäßig entlüften, dafür einen Plastikbecher unter die Öffnung in der Feststellschraube halten und mit einem Heizkörperschlüssel (beim Hausmeister oder aus dem Baumarkt) langsam die Feststellschraube lösen, bis etwas Wasser kommt, dann sofort wieder verschließen.
- Die Türen in der Wohnung geschlossen halten, damit die Wärme nicht in die kälteren Räume entweicht.

Strom sparen

- Bei Kleingeräten, die keinen Ausschalter haben, sondern nur Standby, Mehrfachsteckdosen mit Ein-/Aus-Schalter verwenden und nur bei Bedarf einschalten.
- Nur dort Licht anschalten, wo es auch gebraucht wird.
- Beim Kochen die Nachwärme von Herdplatte und Ofen nutzen.
- Wasch- und Spülmaschine nur einschalten, wenn sie voll sind.
- Aufpassen bei Eco-Programmen von Wasch- und Spülmaschinen, sie sparen zwar Wasser, verbrauchen aber meist deutlich mehr Strom durch die längere Laufzeit.
- Computer/Laptop herunterfahren, statt in den Standby-Modus zu schalten.
- Ist man mehrere Tage nicht zu Hause, so viel wie möglich ausstecken bzw. die Steckleisten ausschalten, z. B. Computer, Drucker, Fernseher, Lampen etc.

Vorratshaltung

Besonders, wenn wenig Platz zur Verfügung steht, muss man gut planen, wie viel man kauft. Ein guter Anfang ist, sich einen groben Speiseplan zu überlegen. Viele Lebensmittel lassen sich auf Vorrat kaufen, andere sollten möglichst frisch sein. Wenn keine Zeit oder Lust für einen täglichen Einkauf ist, muss man dennoch nicht auf frische Produkte verzichten.

■ Lebensmittel wie Nudeln, Reis, Mehl oder Zucker sind lange haltbar und lassen sich einfach lagern. Bei wenig Platz im Vorratsschrank sind Tüten praktischer als Gefäße: Ist die halbe Nudelpackung schon aufgebraucht, nimmt die Tüte auch nur noch den halben Platz weg.

■ Auch Kartoffeln, Karotten und Zwiebeln müssen nicht täglich frisch gekauft werden. Bei Gemüsesorten, die im Kühlschrank aufbewahrt werden, hängt es auch vom Kühlschrank ab, wie lange sie haltbar sind.
Konservendosen und -gläser lassen sich gut lagern und auch platzsparend stapeln.

■ Frische Lebensmittel am besten nur in der benötigten Menge kaufen. Zwar sind größere Gebinde meist etwas günstiger, aber wenn man die Menge nicht rechtzeitig verbraucht, wirft man am Ende oft bares Geld weg. Und schade um das Lebensmittel ist es obendrein.

■ Zum Aufbewahren von Resten sind Frischhaltedosen in verschiedenen Größen am besten geeignet. Außerdem kann man auch Schraubgläser und gut schließende Plastikdosen, z. B. von Aufstrichen, Salaten oder Eis, sauber ausspülen und wiederverwenden. Am besten notiert man auf einem kleinen Aufkleber, von wann die Reste sind. So verliert man nicht den Überblick und kann sie zeitnah verbrauchen.

Draußen

selber machen

Urban Gardening

Was man selber anbaut, braucht man nicht besorgen, klingt einfach, oder? Natürlich lässt sich in einem Blumenkasten nicht genügend Gemüse für einen Selbstversorgerhaushalt anbauen, aber Kräuter gehen immer. Wer einen Balkon besitzt, kann daraus natürlich einen Blumengarten machen, allerdings blühen auch Kartoffeln ganz hübsch. Und ziemlich problemlos. Wer die Abwechslung liebt, baut mit System an. Mittels Hängesystemen, Etagengittern und Stapeltechnik lässt sich auch ein kleiner Freitritt in einen üppigen Naschbalkon verwandeln.

Wo kommt das Grünzeug her?

- Die kostengünstigste Variante zur Begrünung eines Balkons sind Ableger. Freunde fragen, ob sie welche erübrigen können.
- Samensäckchen für Streublumenwiesen sind billig und ergeben schöne kleine Teppiche in Blumenkästen.
- Ab und an ein Pflänzchen am Wegesrand ausgraben, schadet niemandem. Schön neu eintopfen und bald schon wird sich das Pflänzchen ansiedeln oder eben auch nicht, dann das nächste probieren. Gärtnern ist ein kreativer Prozess, nicht alles gelingt, dafür überraschen manche Pflanzen durch ungeahnte Schönheit und Üppigkeit.

Kartoffelbauer

Schrumpelknollen, die im Kühlschrank schon ein wenig ausgetrieben haben, einfach in einen mit Erde gefüllten hohen Blumenkübel stecken, den Topf in die Sonne stellen, fröhlich, aber nicht zu viel gießen und nach einigen Monaten Kartoffeln ernten. Man kann Kartoffeln auch in einem Plastiksack ziehen, denn ein wenig Tiefe braucht das Nachtschattengewächs, das auch über der Erde einen netten Bewuchs zeigt.
Wer Platz hat, kann in großen Kübeln, gefüllt mit reifem Kompost oder nährstoffreicher Erde, auch Zucchini anbauen. Sie brauchen außer reichlich Sonne auch reichlich Wasser, der Gießbedarf ist also hoch. Für Ab-und-zu-Gärtner ist das nichts.

Klein, aber oho

Radieschen wachsen auch in kleinen Kübeln und werden einfach aus Samen gezogen. Die kleinen runden Kugeln wachsen ziemlich schnell und über den Sommer hinweg kann man verschiedene Sorten anbauen.

Eine Wand aus Bohnen

Die Feuerbohne ist doppelt hilfreich: als Sichthilfe und Sättigungsbeilage ist die Kletterpflanze ein echter Hingucker. Samen werden in die Ede gesteckt und gut angegossen. Eine Schicht Kies im Topf verhindert Staunässe. Kletterhilfe nicht vergessen, damit sich die aufstrebende Pflanze ans Licht winden kann. Wachsen lassen! Achtung, rohe Bohnen sind giftig.

Praktische Helfer

- Töpfe aus Ton oder Plastik, auch einfach Eimer (mit Loch im Boden)
- Praktisch: Pflanzsäcke mit Henkel oder Obstkisten, die mit Plane ausgeschlagen werden
- für kleine Pflänzchen gehen auch Joghurteimer
- Pflanzerde
- Kies
- Kompost
- Samen nach Wahl oder bereits angezüchtete Pflänzchen
- Gießkanne

Kräuterbeet geht überall

Kräutertöpfchen sehen nicht nur immer toll aus, sie duften und liefern Gewürze. Beim Kauf darauf achten, dass die Kräuter winterhart sind, dann hat man auch im darauffolgenden Jahr etwas von den würzigen Pflänzchen.

Nix Jamaika am Balkon

Wer glaubt, er könne nach dem Auszug von zu Hause endlich in den zügellosen Hanfanbau einsteigen, irrt. „Gras" anbauen ist immer noch strafbar, auch wenn schon so mancher unfreiwillig zum Haschischbauern geworden ist, weil viele gekaufte Meisenknödel Hanfsamen enthalten, die, wenn sie herunterfallen, schon mal aufgehen können.

Parzelle und Krautgarten

Ja, man glaubt es kaum, aber mit der Öko- und Landbewegung ist der gute alte Hausgarten wieder zu Ehren gekommen. In New York, wo man auf so eine Tradition nicht zurückblicken kann, entstanden in den letzten Jahren Gemüsegärten auf Dächern und auch im letzten grünen Winkel von Soho und Brooklin wächst Essbares aus Tonnen und Wannen. In Berlin reüssieren die Prinzengärten mit Selbstanbau, und das mitten in der Stadt. Vertikalgardening trägt dem wenigen Platz in der Stadt Rechnung und lässt Gemüse an Wänden gedeihen. In Deutschland, Österreich und der Schweiz gibt es seit fast 200 Jahren die Lauben- und Stadtgärtenbewegung. Sie ist heute hipper denn je. Und wem ein ganz eigener Garten zu viel ist, der macht bei Krautgärten mit – Agrarland, das man ein Stück weit selber bebauen und beernten kann, und alles zu verträglichen Preisen. Bewerben kann man sich auch im Team – dann entfällt auch das Argument, dass man das alleine nicht schaffen würde.

Checkliste

Wer sich um einen Kleingarten bewerben will, sucht im Internet nach den nächst gelegenen Anlagen. Dort kann man sich schriftlich bewerben. Meist kommt man gegen einen Mitgliedsbeitrag auf eine Warteliste. Bei den Kommunalreferaten einer Stadt kann man sich um eine Parzelle in einem Krautgarten bewerben. In manchen Städten sind die zuständigen Adressen auch unter dem Stichwort Gemeinschaftsgärten, Gemeindegärten oder „urban gardening" zu finden.

Kleine Geschichte der Gartenparzelle

Im frühen 19. Jahrhundert mussten sich Landesfürsten, Fabrikbesitzer, Stadt- und Wohlfahrtsorganisationen etwas einfallen lassen, um die rasch anwachsende Stadtbevölkerung nicht nur mit Essen, sondern auch mit lebenswürdigen Umständen auszustatten. Eine der Maßnahmen gegen Verelendung war das Anlegen von Gemeinschaftsgärten, sogenannten Armenkolonien, Laubengärten und Rot-Kreuz-Gärten. 1826 gab es sie bereits in 19 Städten.

In der zweiten Hälfte des 19. Jahrhunderts kümmerten sich Moritz Schreber und der Pädagoge Ernst Hauschild um die Arbeiterkinder und deren Spiel- und Turnmöglichkeiten.

Doch erst im zweiten Schritt ließ der sogenannte Schreberverein auch Gärten bauen, für Eltern und Kinder. Nach dem Zweiten Weltkrieg dienten viele Kleingärten der Selbstversorgung. Lange galt Kleingärtnerei als verstaubt.

Heute sind die Wartelisten ellenlang, vor allem junge Menschen und Familien bewerben sich um ein Stück preiswert gepachtetes Land in der Stadt. Die Chancen stehen gut, denn gerade junge Menschen werden bevorzugt. Natur- und Umweltschutz spielt bei den Kleingartenvereinen immer schon eine Rolle. Mit dieser Haltung sind die ehemaligen Armengärten aktueller denn je.

5 Tipps für Gartenneulinge

- langsam begrünen, nicht zu viele Pflanze auf einmal kaufen
- regelmäßig gießen, aber nicht zu viel
- Pflanzen nicht in Zugluft stellen und nicht zu dicht an die Wand
- Keine ehrgeizigen Pläne, erst einmal bescheiden beginnen
- Rückschläge gehören beim Gärtnern dazu, Geduld ebenso

Zelten, campen outdoor

Leider ist wildes Campen in Deutschland weitgehend verboten. Da ist der Traum vom freien Leben nur mit Zelt und Schlafsack schnell vorüber, außer … man fragt an Bauernhöfen freundlich an. Oder geht auf einen zum Zelten ausgewiesenen Platz. Oder wählt einen Platz in der freien Natur, der nicht zu einem Naturschutzgebiet gehört, Privateigentum oder Militärschutzgebiet ist. Wer ein Feuerchen machen möchte, sollte 100 Meter vom nächsten Wald entfernt sein. Nach dem Zelten sollten keine Spuren bleiben, allerhöchstens ein wenig niedergedrücktes Gras. Müll wird mitgenommen, das betrifft auch allzu menschliche Hinterlassenschaften. Trotz aller Verbote sind draußen verbrachte Tage und Nächte so wertvoll wie ein ganzer Urlaub, z. B. im Garten von Freunden, auf dem Balkon oder an Geheimplätzen, die hier nicht verraten werden.

Kreativ in der Natur

Der Kreativität freien Lauf lassen – unter freiem Himmel können auch Techniken probiert werden, die zu Hause eine echte Sauerei verursachen würden: z. B. Filzen, mit Fingerfarben malen, Töpfern, mit Pappmaché arbeiten, Tapeten selbst bemalen, Wolle färben, mit Pflanzen, Blütenessenzen herstellen. Und ganz nebenbei fördern solche Handwerke die Lebensfreude und Geschicklichkeit.

Haushalt draußen

Dinge draußen machen ist nicht nur eine Sache des Vergnügens, es gibt auch jede Menge Tätigkeiten, die nützlich und sinnvoll sind.

Wäsche draußen trocknen lassen

Zum einen wird weiße Wäsche im Sonnenlicht getrocknet richtig schön weiß, zum zweiten gibt es keine billigere und duftigere Lösung zum Trocknen großer Wäschestücke.

Lüften und klopfen

Betten und Teppiche lieben die frische Luft. Ausklopfen und Auslüften vertreibt Hausstaub und Milben. Teppiche, Überzüge, Kissen lieben einen Tag an der Sonne.

Strom in der Natur

Wer kein Solarhandy besitzt, wie im Augenblick noch fast jeder, wird, wenn er auch in der Natur erreichbar sein will, ein Solarladegerät brauchen. Mittlerweile sind diese erschwinglich und passen in jeden Rucksack. Allerdings wäre ein mehrtägiger Ausflug ins Grüne auch mal DIE Gelegenheit, nicht erreichbar zu sein. Also Handy aus, damit es nur für den Notfall „funktionstüchtig" ist.

Chillen & Arbeiten

Eine gesunde Work-Life-Balance ist längst kein Schlagwort mehr für gestresste Manager, sondern trifft auch schon auf die Zeit der Ausbildung zu. Sich verrückt machen vor Prüfungen, Numerus Clausus erreichen, Studienzeit einhalten, eine Lehre in Bestzeit absolvieren – das alles ist ohne Tempo und effektives Zeitmanagement gar nicht zu schaffen. Kein Wunder, warum viele Foren im Netz Stressbewältigung im Studium anbieten.

Zwei der meist genannten Maßnahmen sind, „sich jede Woche ein Urlaubserlebnis zu verschaffen" und „Multitasking abzuschaffen". Tatsächlich heißt das Zaubermittel, das beiden Forderungen gerecht wird: „Raus ins Freie!" Ob beim Freizeitsport oder im Verein, beim Wandern, Baden oder Slacklinen, als Radausflug oder eben „nur" beim Wippen in der Hängematte – denn, Vorsicht, auch Sport kann zum Freizeitstress werden.

Die Kunst des Müßiggangs ist unter den Menschen ungleich verteilt: Die einen Chillen wie die Weltmeister, die anderen müssen mühsam lernen, dass ohne Arbeit verbrachte Stunden nicht Trödelei heißen, sondern Möglichkeit zum Auftanken sind. Acht Stunden Schlaf sind ideal, davon welche auch schon vor Mitternacht, und der Biorhythmus wird es einem danken. Manchmal genügt auch schon bei geöffnetem Fenster in der Sonne stehen oder ein kleines Powernapping im Park.

Special Chillen & Grillen

Geht schnell, ist kommunikativ und bringt das Sommerfeeling ins Haus. Wer allerdings glaubt, dass mit dem Auszug von zu Hause die immerwährende Grillsaison beginnt, sollte kurz checken, ob Nachbarn und Vermieter die Idee gleich gut finden. Grundsätzlich spricht nichts gegen Grillen auf dem Balkon oder im Garten, allerdings kann der Vermieter es untersagen. Auch die Anzahl der Grillabende ist, egal ob man Eigentümer oder Mieter ist, per Gesetz festgelegt. Und wer seinen Nachbarn was Gutes tun will, stellt auf Elektrogrill oder Grillen mit Alu-Schale oder Lavastein um – dann entsteht viel weniger lästiger Rauch. Um dem ungehemmten Grillgenuss zu frönen, muss man sich dafür freigegebene Stellen in der Natur suchen.

Müll nicht!

- Müllbeutel für verschiedene Materialien
- Schaufel für die Glut
- Blechbehälter für die Glut
- Evtl. Gummihandschuhe und Gartenhandschuhe

Wer grillen kann, kann auch aufräumen. Grundsätzlich sollte der Grillplatz nach dem Vergnügen so aussehen wie vorher. Flaschen, Alu, Hühnerknochen, Reste des Kartoffelsalats gehören nicht ins Gebüsch und werden auch nicht im nahen See versenkt. Zum einen schädigt es Tiere und Pflanzen, und jede Gemeinde wird irgendwann ein Grillverbot verfügen, wenn das wilde Grillen rücksichtslos erfolgt. Vielerorts sorgen auch Grillaufseher für den geordneten Röstvorgang. Hier gilt: Keine Konfrontation, keine Rechthaberei – schließlich soll es ein gechillter Abend werden und kein gekillter.

Die richtige **Feuerstelle**

Grillkohle, Grillgut, Feuerzeug und eine Kühltasche voller Getränke eingepackt und auf zum nächsten Park. Ganz so einfach ist es leider nicht. Welcher Park in einer Stadt für Grillvergnügen freigegeben ist, entnimmt man der Parkverordnung vorab im Internet. Grillstellen an Seen oder Flüssen sind meist gekennzeichnet. Offene Feuer im Wald sind grundsätzlich nicht erlaubt. Aus Rücksicht auf Biotope, Tiere und geschützte Pflanzen muss hier so streng vorgegangen werden. Und wegen des Unsicherheitsfaktors Mensch. Grillabende neigen zu ausuferndem Lärm, Geruch und Müll!

Grillen **vegetarisch**

- Zucchini, Champignons, Zwiebeln über Nacht in einer Kräutermarinade einlegen.
- Paprika, Karotten, Sellerie leicht salzen, bevor sie auf den Grill kommen.
- Süßkartoffeln, Kartoffeln, Pastinaken gelingen gut in der Alufolie.
- Wer Gemüse als Spieß bereiten möchte, achtet darauf, dass er Gemüse mixt, die den selben Härtegrad haben, sonst verbrennt ein Teil und der andere bleibt hart. Einzeln gegrillt kann man je nach Bedarf lange oder kurz grillen.
- Große Tomaten (Cœur de bœuf, Fleischtomaten) oder Paprika können in der Mitte geteilt werden. Mit einer Mischung aus Semmelbrösel, Knoblauch, geriebenem Käse, Öl und Salz füllen und auf der Alufolie grillen.
- Auberginen, in dünne Scheiben schneiden. Dann werden sie mit einer Mischung aus Tomatenmark, Öl, zerkleinertem Knoblauch, Zucker und Salz bestrichen und auf der Alufolie gegrillt.
- Beim Grillen von Maiskolben die Maiskolben vorher kurz in Salzwasser kochen und dann mit Kräuterbutter bestrichen auf den Grill legen.
- Zwiebeln werden besonders gut, wenn man sie ein wenig zuckert und mit Balsamico-Creme beträufelt. Beides karamellisiert beim Grillen.
- Sellerie und Pastinaken werden in letzter Zeit zurecht neu entdeckt. Die beiden Wurzelgemüse behalten beim Grillen einen gewissen Biss, eingerieben mit Sambal Oelek und Öl oder einer Mischung aus klein gehacktem Ingwer, Knoblauch und Öl werden die beiden milden Gemüse eine echte Sättigungsbeilage. Süßkartoffeln können genauso wie Kartoffeln in der Alufolie in der Asche gegart werden.
- Zu sämtlichen Grillgemüsen passt eine Salsa verde: 1 Bund Petersilie (wahlweise auch Koriander) klein hacken,1 Schalotte klein hacken, mit Öl, Zitronensaft, Zucker und Salz mischen und ziehen lassen.

Fleisch klassisch

Auch wenn sich die heutige Menschheit mehr denn je in Fleischesser und Vegetarier/Veganer teilt – beim Grillen werden gerne alle gut gemeinten Haltungen über Bord geworfen. Dennoch kann man „politisch korrekt" grillen. Keine eingelegten Fleischstücke beim Discounter kaufen – zum einen ist die Herkunft meist ungewiss und mit der Marinade können auch Mängel verdeckt werden.
Lieber ein ausgesucht gutes Stück Fleisch, das aus artgerechter Tierhaltung kommt, als große Mengen aus unbekannter Schlachtung. Biofleisch kann auch auf Vorrat eingekauft und tiefgefroren werden. Rechtzeitig vor dem Grillvorgang aus der Kühlung nehmen, halb gefrorenes Fleisch verbrennt außen und bleibt innen noch kalt.

- Wildfleisch eignet sich vorzüglich zum Grillen. Es ist eiweißhaltig und extrem mager und man kann sicher sein, dass Wild nicht aus der Massentierhaltung kommt. Wer einen Jäger kennt, kommt meist günstig an wertvolles Fleisch, das ebenfalls eingefroren werden kann.

- Fisch schmeckt herrlich auf dem Grill, allerdings nicht gleichzeitig mit Gemüse und Fleisch auf den Grill legen, sonst setzt sich der Fischgeschmack bei allen anderen Lebensmitteln durch. Fisch deshalb in Alu grillen.

Nicht die Menge macht's, sondern der Geschmack:

- **Schnelle Marinade für Grillfleisch**
Olivenöl, Ketchup/Tomatenmark, Salz, Pfeffer, Knoblauchzehen, 1 Zweig Rosmarin

- **Mediterrane Marinade**
Olivenöl, unbehandelte Zitronen in Scheiben und der Saft einer Zitrone, Salz (wenn zur Hand: Fleur de sel), etwas Tabasco

Beste Freunde

– dein Fahrrad

Wartung & reparieren

Ein bisschen Pflege braucht das Fahrrad, damit es auch immer einsatzbereit ist. Es sollte immer genügend Luft in den Reifen sein, damit es gut fährt. 3,5 bar sind ein guter Richtwert. Ist zu wenig Luft im Reifen, können auch die Felgen bei Stößen darunter leiden und kaputt gehen. Ist das Rad über den Winter eingemottet, sollte man einen Frühjahrscheck machen, bevor die Saison wieder losgeht. Viele Dinge kann man selbst machen, bei größeren Problemen empfiehlt sich eine Fahrradwerkstatt. In vielen Städten gibt es auch offene Werkstätten oder sogenannte Repair Cafés, in denen man unter fachkundiger Anleitung gegen wenig Geld sein Fahrrad selbst reparieren kann. Dort gibt es meistens neben dem richtigen Werkzeug auch nette Menschen, die einem helfen, wenn man es mal nicht selbst hinbekommt. So lernt man auch immer was dazu.

Das brauchst du

- 2 Reifenheber oder dicke Schlitz-Schraubenzieher
- Fahrradwerkzeug (je nach Fahrrad Inbus- oder Maulschlüssel bzw. Knochen
- Luftpumpe
- Schüssel mit Wasser
- Flickzeug

Da bist du platt!

Das Fahrrad auf Lenker und Sattel stellen. Die Bremsen aushängen und die Schraube bzw. den Schnellspanner an der Nabe lösen. Beim Hinterrad die Schaltung zurückklappen bzw. lösen. Das Rad herausheben.

Das Ventil entfernen. Einen Reifenheber unter den Mantel schieben und in der Speiche einhängen. In etwas Abstand den zweiten Reifenheber anbringen. Alternativ kann man den Mantel auch vorsichtig mit zwei Schraubenziehern aushebeln. Den Mantel ringsum abheben und den Schlauch rausziehen.

Das Ventil wieder einsetzen und den Schlauch etwas aufpumpen. Dann Stück für Stück unter Wasser drücken, um das Loch zu finden. Die Stelle markieren und das Ventil wieder entfernen.
Die Stelle gut abtrocknen, mit Schmirgelpapier anrauen und dünn den Vulkanisierkleber in Flickengröße aufstreichen. Dann den Flicken gut andrücken und trocknen lassen. Ist der Schlauch zu kaputt oder ist er geplatzt, einen neuen Schlauch einsetzen.

In der Zwischenzeit mit der Hand die Innenseite des Mantels nach einer möglichen Lochursache absuchen und diese ggf. entfernen. Langsam abtasten, damit man sich dabei nicht verletzt. Wenn der Mantel defekt, spröde oder das Profil abgefahren ist, muss er ersetzt werden.

Den geflickten Schlauch wieder unter den Mantel auf die Felge ziehen und den Mantel einhaken. Ventil reinschrauben und aufpumpen.

Die Schwachstellen

Licht

Vor der Fahrt sollte man überprüfen, ob die Lichter funktionieren. Geht eine Lampe nicht, baut man die Birne aus und schaut, ob der Draht kaputt ist bzw. das Glas geschwärzt. Wenn ja, muss die Birne gewechselt werden. Am besten hat man immer eine Ersatzbirne zu Hause. Man bekommt sie in Fahrradläden, Baumärkten oder auch Tankstellen. Liegt es nicht an der Birne, müssen die Kabel geprüft werden.

Bremsen

Quietschbremsen sind nicht nur unangenehm, sie bremsen nicht mehr gut. Zum Ausbau die Fixierschraube lösen und die Bremsklötze mit Halterung herausnehmen. Wenn die Klötze noch genügend Profil haben, reicht es, sie anzuschmirgeln. Nach dem Einbau sollten beide Klötze auf der ganzen Länge an der Felge anliegen. Ist das Profil „abgebremst", müssen neue Klötze eingebaut werden.

Kette

Auch eine rasselnde Kette sollte nicht sein. Kette wie auch Pedalen und andere bewegliche Teile sollten regelmäßig mit etwas Kettenöl geschmiert werden. Das erhöht die Lebensdauer und das Fahrrad fährt sich leichter. Am besten stellt man das Fahrrad auf den Kopf, also auf Lenker und Sattel, und lässt das Fett langsam am Hinterrad auf die Kette tropfen, während man die Pedale dreht.

Putzen

Besonders wenn das Fahrrad häufig draußen steht und Wind und Wetter ausgesetzt ist, muss es auch immer wieder geputzt werden. Das meiste wird mit Wasser und etwas Spülmittel sauber. Vorsicht aber an der Kette und anderen fettigen Teilen, damit die nötige Schicht nicht abgewaschen wird. Ist der Lenker angerostet, lässt sich das leicht mit Metallpolierpaste und einem alten Handtuch beheben. Sie schützt die betreffende Stelle auch vor erneutem Rost.

Sicher auf zwei Rädern

Wer sich mit dem Fahrrad im Straßenverkehr bewegt, muss sich an die geltenden Regeln halten. Da sollte man wissen, was erlaubt und was verboten ist. Dabei geht es nicht nur um Bußgelder, es drohen auch Punkte und Führerscheinentzug bzw. Fahrverbot. Wie für alle anderen Verkehrsteilnehmer gilt natürlich auch, dass man bei Rot nicht über die Ampel geht bzw. fährt. Wird man auf dem Fahrrad dabei erwischt, droht ein Bußgeld sowie 1 Punkt in Flensburg. Überquert man einen geschlossenen Bahnübergang, werden es sogar neben einem hohen Bußgeld auch 2 Punkte in der Verkehrssünderkartei. Übrigens: Eine Helmpflicht besteht zwar nicht in Deutschland, dennoch ist ein guter Fahrradhelm sehr empfehlenswert. Statistisch gesehen sind die häufigsten Verletzungen bei Fahrradfahrern am Kopf.

Promillecheck

Auch beim Radfahren gibt es eine Promillegrenze. Ab einem Wert von 0,3 Promille kann man sich strafbar machen, wenn man sich auffällig verhält. Ist man in einen Unfall verwickelt, der durch den Alkoholkonsum (mit-)verschuldet wurde, wird man haftbar gemacht. Ab einem Grenzwert von 1,6 Promille ist Schluss mit Fahrradfahren, auch wenn man sich nicht auffällig verhält. Ab dann ist das Fahren strafbar.

Handy weg, Kopfhörer leise

In Sachen Handy auf dem Fahrrad gilt Ähnliches wie im Auto: Während der Fahrt darf man das Handy nicht in der Hand halten. Beim Auto gilt das solange der Motor läuft. Freisprechanlage und Headset sind erlaubt, ebenso eine Lenkerhalterung. Apropos Headset: Kopfhörer und auch Musikhören sind beim Fahrradfahren erlaubt, sofern das Gehör nicht eingeschränkt ist, d. h. man muss die Verkehrsgeräusche hören können. Die Musik darf also nicht zu laut sein und die Kopfhörer müssen so konstruiert sein, dass sie ausreichend Umgebungslärm durchlassen. Und wer auf dem Heimweg noch etwas einkauft: Keine Sorge, Taschen am Lenker sind erlaubt, solange die Verkehrssicherheit nicht beeinträchtigt ist und man nicht schlenkert.

Technische Voraussetzung

Damit man das Fahrrad auf öffentlichen Straßen und Wegen fahren darf, muss es ein paar Voraussetzungen erfüllen:

- getrennte Vorderrad- und Hinterradbremse
- weißer Frontstrahler mit Reflektor
- rotes Rücklicht mit Rückstrahler
- die Lichter dürfen über Lichtmaschine, Batterie und/oder Akku betrieben werden und müssen fest am Fahrrad angebracht sein
- gelbe Pedalrückstrahler
- gelbe Speichenreflektoren oder reflektierende Reifen
- Klingel

Und natürlich müssen all diese Dinge funktionsbereit sein.

Wo darf/muss ich fahren?

Diskutiert man mit Freunden und Verwandten darüber, wo man radfahren darf bzw. muss, lernt man mitunter interessante Thesen kennen. Grundsätzlich gilt: Ist ein Fahrradweg oder -fahrstreifen mit dem weißen Fahrrad auf blauem Grund gekennzeichnet (auch in Kombination mit Fußgängern), besteht die sogenannte Radwegpflicht. Auf der Straße darf man dann nur fahren, wenn der gesonderte Weg nicht befahrbar ist, weil er z. B. vereist ist oder stark beschädigt. Der Gehweg ist ab 10 Jahren tabu! Gibt es keinen Radweg, muss man auf der rechten Fahrbahnseite fahren. An stehendem Verkehr darf man rechts vorbeifahren, sofern genug Platz ist.
Nebeneinander darf man nur in gekennzeichneten Fahrradstraßen fahren oder wenn man den Verkehr dabei nicht behindert. Das bedeutet, ein Auto muss mit mindestens 1,5 m Abstand überholen können …

Zweirad auf Tour

Fahrradkuriere gehören zum Straßenbild der Großstädte: Immer in Bewegung umschiffen sie wendig Staus, verpesten dabei nicht die Luft und sind im Schnitt um 30 % schneller als motorisierte Kuriere. Fahrradkuriere waren es auch, die dem Fahrrad seit der Öko-Bewegung neues Ansehen gaben. Abenteurer der Stadt, unangepasst, individuell und unabhängig. Was früher noch ein Übergangsjob zwischen Weltreisen war, ist heute ein ernst zu nehmender Beruf, der allerdings nichts für zarte Jungs und Mädchen ist. 200 Kilometer am Tag, bis zu 12 000 verbrauchte Kalorien, da muss am Abend niemand mehr ins Fitnessstudio. Und doch ist Fahrradkurier ein hipper Beruf, der sogar Modetrends gesetzt hat. Messenger-Bags aus Planen, wetterfeste Jacken mit kurzen Militärhosen, gemixt mit Elementen der Skater-, und HipHop-Bewegung – damit fahren Menschen auch einfach zum Bäcker.

Job mit Fahrrad

Fahrradkurier

Wer einen sportlichen Nebenjob sucht, ist bei den diversen Fahrradkurierfirmen willkommen. Unabhängiges Arbeiten, gute Kondition, Ortskenntnis, Freundlichkeit zum Kunden – das ist der Mix, aus dem Fahrradkuriere gestrickt sind. Dazu der Hauch streetcredibility – mit ihren Eingang-Rädern sind sie die Cowboys der Großstädte, denn ungefährlich ist der Job nicht. Aber er zeigt eine Lebenshaltung und zelebriert Subkultur – für einen Job eine ganz coole Mischung.

Rikscha-Fahrer

Die große Welle der Indienreisenden in den 1970er Jahren hat die sympathischen Transportmittel nach Europa gespült. Erst waren sie exotische Hingucker, dann touristische Attraktionen – die Rikschas in den europäischen Großstädten, insbesondere denen, wo es was zu feiern gibt. Das Münchner Oktoberfest gleicht abends einer transkontinentalen Bewegung: Menschen in Dirndl und Lederhosen sitzen in blumengeschmückten Rikschas, die von Ghettoblastern beschallt werden. Sich als Touristenführer zu betätigen und dabei was für die Figur tun und Geld verdienen, so kann man das Job-Modell Rikschafahrer begreifen. In vielen Städten kann man sich eine Rikscha für einen Tag mieten – wie man dann das Geld wieder reinholt, ist Sache des Fahrers.

Guide auf Rädern

Eine Stadt zu Fuß erlatschen, das war einmal. Heute findet man sich zu geführten Radtouren zusammen und lässt sich von sportlichen Ortskundigen die Gegend zeigen. Auch in diesem Business liegt viel Potenzial, vor allem in den Reisemonaten April bis September werden radelnde vielsprachige Guides gesucht. Ein Job, bei dem man Kunstverständnis, Sport und Geldverdienen vereinen kann.

Woher ein Rad nehmen?

Mieträder stehen an jeder Ecke, allerdings braucht man zum Freischalten meist eine Kreditkarte. Auch viele Städte bieten Mieträder an.
Bei den jährlichen Versteigerungen der städtischen Fundbüros lassen sich Fahrräder für alle Bedürfnisse erhandeln. Mängelfahrräder und Auslaufmodelle finden sich in Lagerverkäufen. Zudem gibt es auch immer mehr Händler für Gebrauchträder.
Nicht gespart werden sollte bei der Sicherheitskette, und wer ein wertvolles Rad besitzt, sollte es immer wegsperren und eine Radversicherung abschließen – Achtung: In vielen Hausratversicherungen können Radl-Policen mit dazu gebucht werden.

Ich mach was mit Fahrrad

Wer Fahrräder reparieren kann, hat heute gute Karten. Kleine Fahrradwerkstätten schießen vor allem in Uni-Städten aus dem Boden. Da lässt sich der ein oder andere Aushilfsjob finden.
Wer auf eine Mietlocation verzichten will, wird mobiler Reparaturservice, ein Dienst, der Zukunft hat.
Wer einfach selbst Hand anlegen will, holt sich die Anleitung aus dem Internet. Empfehlenswert ist ein Grundkurs zum Fahrradreparieren.

Wie kommt man rum?

Reisen als Student, da boten sich lange Zeit zwei Alternativen: Interrail oder Trampen. Seither hat sich vieles geändert. Gar nicht mehr spießig ist die Pauschalreise mit Supersportangeboten, das Ganze eventuell auf Kreuzfahrtschiffen. Doch mal abgesehen von diesen Luxusreisen ist weltweites Herumkommen, auch im Zuge der Ausbildung, die Reiseart von heute.

Wo wohnen?

Wer nicht gleich mit Sack und Pack verreisen möchte, sollte vielleicht seine Wohnung tauschen. Über Portale wie www.flatsandfriends.com oder de.homeforhome.com lassen sich weltweit Tauschpartner finden. Für private Übernachtungsmöglichkeiten ist mittlerweile www.airbnb.de die große Anlaufstelle. Ob Zimmerweise oder nur die Couch mit Familienanschluss: www.couchsurfing.com – Reisen auf diesem Weg birgt immer Überraschungen.
Auch Jugendherbergen sind mittlerweile keine komfortfreie Reisemethode mehr, sondern echte Alternativen zu Hotels und Pensionen, auch für Familien. www.jugendherberge.de bietet Übernachtungsmöglichkeiten. International kann man sich über Hostelling International (www.hihostels.com) schlau machen, wo es sich preisgünstig und „jung" wohnen lässt. Geselligkeit ist in jedem Fall garantiert.

Lernen im Ausland

Mit dem Erasmus-Stipendium, seit 1987 das Austauschprogramm der Europäischen Union, können Studenten einen Zuschuss für einen Auslandsstudienaufenthalt erhalten. (eu.daad.de)

Mit Hilfe der Deutschen Auslandshandelskammer (www.ahk.de) lassen sich Praktika in aller Welt realisieren. Die Voraussetzungen sind unterschiedlich, Sprachkenntnisse in jedem Fall erforderlich.

Eine Lehre im anderen Land, warum nicht? Mit www.rausvonzuhaus.de lassen sich europaweit Lehrstellen und vor allem weiterführende Links finden. Ferienjobs und Aushilfsarbeiten können über die Bundesagentur für Arbeit (www.ba-auslandsvermittlung.de oder www.zav.de) oder über EURES, The Eurpean jobs network (ec.europa.eu) eruiert werden.

Mit der Institution Deutscher Akademischer Austauschdienst DAAD (www.daad.de) kann ein Auslandsstudium organisiert werden.

Wer gegen Kost und Logis Freiwilligendienste machen möchte, findet ein breites Spektrum. Von einem Jahresaufenthalt bis hin zu 4-wöchingen Praktika ist alles dabei. Gute Info liefern hierfür www.ausland.org und www.bundes-freiwilligendienst.de.

Ganz auf das freiwillige Helfen auf Öko-Höfen hat sich die Organisation WWOOF (www.wwoof.de) verlegt. Wer schon immer mehr über Garten- und Ackerbau, Landwirtschaft, Tierhaltung erfahren wollte, ist hier goldrichtig und das meist mit Familienanschluss.

Arbeiten und rumkommen, oder eben mal ganz was anderes machen: Mit Work & Travel lassen sich Fernweh und Geldverdienen verbinden. Verschiedene Portale (www.aifs.de, www.auslandsjob.de, und www.work-and-travel.co) bieten einen Überblick.

Busreisen oder mitfahren?

Fernbusse

Für 15 Euro von München nach Berlin, für 30 Euro nach Paris? Selten war Reisen so entspannt und preiswert. Die Überlandbusse, bieten WLAN, Toiletten, Komfortsitze und liegen in der Umweltbilanz noch vor der Bahn. Durch die Konkurrenz der verschiedenen Fernbusanbieter entsteht für den Kunden auch eine attraktive Preissituation.

Interrail

Für echte Zugfreaks gibt es Interrail-Tickets. Die Tickets werden angeboten gestaffelt nach Alter, Zeitraum und Länderfrequenz (de.interrail.eu).

Mitfahrgelegenheiten

Über Mitfahrzentralen (www.mitfahrzentrale.de oder www.blablacar.de) lassen sich Fahrdienste per Auto organisieren. Der Charme liegt in der persönlichen Beförderung, was Vor- oder Nachteil sein kann. Im besten Fall wird man von Haustür zu Haustür transportiert.

Craft, Skills &

Strickliesel!

Unterhaltsames Handarbeiten

Aus alten Stoffen, kaputten Bettbezügen oder löchrigen T-Shirts lassen sich mit etwas kreativem Einsatz nützliche Accessoires wie Decken, Kissen- und Stuhlbezüge oder Teppiche machen. Dabei muss auch nicht immer genäht werden, denn T-Shirts und Jersey-Spannbetttücher werden mit der richtigen Schnitttechnik zu Stretchgarnen, die dann verwebt, geknotet oder gehäkelt werden können. Auch Stoffstreifen aus Baumwolle eignen sich gut zum Weben. Wer eine Nähmaschine oder Spaß am Handnähen hat, zaubert aus unterschiedlich gemusterten Stoffen eine neue Sofa- oder Picknickdecke. So kommen die alten Textilien zu neuer Geltung.

Stoffreste

Stoffe sollten immer gewaschen und am besten auch gebügelt sein, bervor man sie verarbeitet. Dann kann man später besser zuschneiden und sauberer arbeiten. Am besten sortiert man die gesammelten Schätze nach Material und Größe und schaut, wo Löcher und Risse sind. Fransen die Stoffe an den Kanten stark aus, kann man sie mit einem Zickzack-Stich versäubern.

Fleckerlteppich

■ Aus alten Bett- oder Kissenbezügen (aus Baumwolle) lässt sich einfach eine Fleckerlteppich weben. Man braucht neben den Stoffen einen großen Holzrahmen (etwas größer als der fertige Teppich) und Baumwollgarn. Die Bezüge werden dann in ca. 3 cm breite Streifen geschnitten. Am einfachsten schneidet man von der offenen Kante aus in Spiralen, sodass ein langer Streifen entsteht.

■ Den Garnanfang an einer schmalen Seite des Rahmens festknoten. Dann spannt man die Fäden parallel zur langen Seite, dabei das Garn einmal um die Leiste wickeln, bevor es wieder zurückgeht. Die Fäden sollten stramm sitzen, sie geben beim Weben noch nach.

■ Von einem Ende beginnend webt man in Reihen nach oben. Beim Reihenwechsel nicht zu fest anziehen, da sonst der Teppich immer schmaler wird. Die einfachste Art ist einmal drüber, einmal unten durch, man kann natürlich auch experimentieren. In der nächsten Reihe sollte es etwas versetzt sein, damit der Teppich Stabilität bekommt.

■ Zwischendurch die verwebten Streifen eng aneinander schieben. Ist ein Stoffstreifen zu Ende, kann man einen neuen einfach mit ein paar Stichen annähen.

■ Abschließend Anfang und Ende des Stoffstreifens um den ersten Faden klappen und mit ein paar Stichen festnähen. Dann die Baumwollfäden an den Zwischenwindungen durchschneiden und paarweise verknoten. Jetzt kann man noch Fransen einknoten oder mehrere Fäden zusammenknoten.

Das brauchst du

Stoffreste mit verschiedenen Mustern
Stecknadeln
Nähmaschine
Nähgarn
Bügeleisen
Bügelbrett
Fleecedecke in der gewünschten Größe

Decke wächst mit

■ Eine Patchworkdecke ist eine wunderbare Methode, alte Stoffreste zu verarbeiten. Traditionell werden die Decken mit der Hand genäht, aber eine Nähmaschine erleichtert die Arbeit ungemein.

■ Doch vor dem Nähen muss erst mal das Muster festgelegt werden. Die einfachste Variante ist, die Stoffe in gleich große Quadrate zu schneiden. Dabei ringsum 1 cm Nahtzugabe mit einplanen. Jetzt puzzelt man die Decke am besten auf dem Boden zusammen. Gefällt die Zusammenstellung, geht es ans Nähen.

■ Zuerst werden alle Quadrate der ersten Reihe aneinander genäht, dann die der zweiten Reihe und so weiter. Am Ende hat man für jede Reihe einen langen Streifen. Bevor es weitergeht bügelt man die Nahtzugaben auseinander, das erleichtert das Zusammennähen der Reihen.

■ Anschließend näht man den Streifen der ersten Reihe an den der zweiten. An das Ganze wird nun der dritte Streifen genäht. So wächst die Decke Reihe für Reihe. Zum Schluss wieder die Nahtzugaben auseinanderbügeln, damit die Decke schön glatt ist.
Die Fleecedecke jetzt rechts auf rechts mit der Patchworkdecke zusammennähen, dabei eine Wendeöffnung offen lassen. Dann wenden und ringsum knappkantig absteppen, so ist auch die Öffnung geschlossen.

Strickliesel und Häkelpeter

Selbst gestrickte oder gehäkelte Mützen sind längst absoluter Trend! Und dabei ist die Herstellung nicht mehr nur ein „Mädelsding". Besonders dickere Häkelnadeln liegen gut in Männerhänden. Der Vorteil von dicker Wolle ist ja auch klar: Man ist schnell fertig. Doch nicht nur Mützen und Schals sind angesagt, auch Kissenhüllen, Topflappen, Stulpen & Co. erobern sich ihre angestammten Plätze in bunten Farben zurück. Zahlreiche Bücher bieten Passendes für Einsteiger und Fortgeschrittene. Daneben gibt es natürlich auch im Internet eine Fülle an Anleitungen für Techniken und Projekte in Foren, Blogs und Communities, sowohl in Text- als auch in Videoform. Da wird jeder fündig und Anleitungen auf YouTube sind fast so gut wie Nachhilfe von Mutti!

Grannies

Wolle in verschiedenen Farben
passende Häkelnadel

Mit Farbe A 5 Luftmaschen (LM) anschlagen und zum Ring schließen.
1. Runde: 3 LM, 2 Stäbchen (St), *2 LM, 3 St, ab * 2 x wiederholen, dann 2 LM und mit 1 Kettmasche die Runde schließen.
2. Runde: Farbe B in einer der Lücken anhäkeln, 3 LM, in die gleiche Lücke 2 St., 2 LM, 3 St, *1 LM, in der nächsten Lücke 3 St, 2 LM, 3 St häkeln. Ab * wiederholen, dann 1 LM und Runde schließen. Faden abschneiden.
In die Ecken immer 3 St, 2 LM, 3 St, an den Seiten die Lücken mit 3 St füllen und 1 LM überspringen.

Nadelstärke und Garne

■ Welche Technik einem besser gefällt oder liegt, muss jeder für sich entscheiden. Die einen kommen mit dem Stricken besser zurecht, andere mit der Häkelnadel. Und manche mit der neuen Knookingnadel. Diese sieht aus wie eine Häkelnadel mit Nadelöhr. Die Technik ähnelt dem Häkeln, das Ergebnis sieht aus wie gestrickt.

■ Egal, welche Technik man bevorzugt, wichtig ist immer, dass die Nadelstärke zum gewünschten Garn passt und beides auch zum ausgewählten Projekt.

■ Für Topflappen verwendet man am besten reines Baumwollgarn, da es hitzebeständig und einfach zu waschen ist. Für Mützen und Schals ist weiche Wolle (auch als Gemisch) besser geeignet. Schurwolle wärmt im Gegensatz zur Baumwolle. Wer zu fliegenden Haaren neigt, sollte bei Mützen und Schals darauf achten, dass möglichst keine Kunstfaser wie Polyester oder Polyacryl enthalten ist.

■ Auch die Nadelstärke ist reine Geschmackssache und bis zu einem gewissen Grad abhängig vom Projekt. Je höher die Nadelstärke, desto dicker das fertige Stück. Beinstulpen mit Nadelstärke 12 oder größer sind zwar schnell fertig, aber der Tragekomfort ist gewöhnungsbedürftig. Mittlere Nadelstärken von 4 bis 6 sind auch gerade für (Wieder-)Einsteiger gut zu empfehlen. Das Projekt wächst in einem vernünftigen Zeitraum und die Nadeln liegen gut in der Hand. Dünne Nadeln sind etwas schwieriger zu halten. Bei höheren Nadelstärken und dicken Wollen kann das Werkstück ganz schönes Gewicht entwickeln, das geht auf die Handgelenke. Wem die ganz dicken Nadeln immer noch zu dünn sind, darf auf Finger- oder Armstricken ausweichen.

Schal & Mütze gehen immer

Stricknadeln in Nadelstärke 5
Stopfnadel
Für den Schal
300 g Wolle für Nadelstärke 5

Für die Mütze
100 g Wolle für Nadelstärke 5

Für den Schal 50 Maschen anschlagen. Wer mag, kann die erste und die letzte Masche als Randmasche stricken. Die einfachste Variante ist kraus rechts. Dafür alle Reihen rechts stricken. Die erste und letzte Masche möglichst fest stricken, damit ein schöner Rand entsteht. Weitere einfache Muster sind Rippenmuster, bei denen abwechselnd eine bestimmte Anzahl rechte und linke Maschen gestrickt wird.
Den Schal bis zur gewünschten Länge stricken und dann alle Maschen abketten.
Für einen Loop einen etwas kürzeren Schal stricken und zum Schluss die schmalen Kanten zusammennähen. Fadenenden vernähen.
Für die Mütze 60 Maschen anschlagen und so lange kraus rechts stricken, bis das Stück um den Kopf passt. Es sollte nicht zu locker sitzen. Dann alle Maschen abketten und die Anschlags- und Abkettkante zusammennähen. Zum Schluss an einer offenen Seite knapp unter der Kante einen Faden durchziehen, fest zusammen ziehen und gut verknoten. Fadenenden vernähen.

Trost in der Ferne: **Sockentier**

Es gibt ja so Tage, da braucht man einen Gefährten. Zum Beispiel vor Prüfungen, einem Vorstellungsgespräch, nach Prüfungen oder einfach in den vielen kleinen Situationen, in denen man Anlehnung, Trost und ein wenig Nestwärme braucht. Dummerweise sind dann aber meist die Freunde gerade in der Uni, im Job oder besuchen ihre Eltern. Dann wird es Zeit für ein Sockentier. Nicht nur, dass man beim Herstellen eines Sockentiers schon einmal den halben Ärger vergisst, es entsteht auch noch ein Wesen, das einem Stich für Stich, Naht für Naht ans Herz wächst. Sockentiere sind außerdem eine wunderbare Möglichkeit, Einzelsocken ein neues Leben zu schenken.

Das brauchst du

- Bleistift
- 1 Paar Socken (am besten Baumwolle)
- Nadel
- Faden in verschiedenen Farben
- verschiedene Knöpfe
- Wolle für Haare
- Filzstückchen
- Verzierungen aller Art
- Socken für die Bekleidung der Tiere

Aus Socke wird Gefährte

- Die Socken auf links drehen, die Schnittlinien von der Vorlage übertragen.

- Die einzelnen Teile werden entlang der gezeichneten Nahtstellen mit kleinen Stichen mit der Hand genäht. So lassen sich auch kleine Biegungen gut nähen.

- Nach dem Nähen die überstehenden Stoffteile abschneiden.

- Dann die Stoffteile auf Rechts drehen.

- Alle Körperteile werden dann mit Zauberwatte/Füllwatte ausgestopft, man kann eine Häkelnadel zu Hilfe nehmen, um in die kleinsten Winkel zu gelangen.

- Kopf und Körper mit Beinen an den Enden zusammenziehen, zunähen und aneinander nähen.

- Arme nähen und annähen.

- Jetzt kommt der schönste Teil: das Gesicht. Eventuell vorher eine Vorzeichnung auf Papier vornehmen. Knöpfe, Nähte, Filzstückchen ergeben herrlich individuelle Gesichtsmimik. Wer möchte, bringt noch Wolle als Haare an.

- Das Bündchen von Sportsocken ergibt einen kleinen Pullover.

Nähplan

Die Socken auf Links drehen und die Schnittlinien mit Stoffkreide, Trickmarker oder Bleistift übertragen.

mehr als lieb

Alles Filz oder was?

Die Technik ist vermutlich 8000 Jahre alt – entstanden bei der ersten Haustierhaltung, als die abgeschnittene Wolle einiger Schafe sich durch Reibung und andere Einflüsse zu einem stabilen und warmen Material verbunden hat. In der Mongolei werden heute noch die Nomadenzelte, die Jurten, aus Filz gefertigt. In den übrigen Teilen der Welt gehört Kleidung aus Filz zu den meisten Trachten. Bis vor etwa zehn Jahren der Filzboom die DIY-Szene erreicht hat. Neben der meditativen Wirkung des Nassfilzens hat Filzen einen gestalterischen Aspekt. Ob figürlich oder dekorativ, Filz ist ein natürliches Material, das mit der Zeit geht – und das seit 8000 Jahren!

Paperweights

Flatternde Papierberge bekommen Halt durch hübsch verpackte Steine. Nichts anderes verbirgt sich unter den hübschen Hüllen aus Filz. Gleichmäßig geformte Kiesel werden nach der selben Technik wie die Filzbommel mit Filzwolle belegt. Die Wollschicht darf hier aber etwas dicker ausfallen, denn der Stein soll schließlich gut verpackt sein und sich nicht an manchen stellen durchbohren. Wer mag, legt als letzte Schicht noch ein Muster aus Spiralen oder Tupfen auf. Dann wird alles vorsichtig angefilzt. Sobald sich die Schichten leicht verbunden haben, darf der Filzstein zwischen beiden Händen „gewalkt" werden.

Vielseitige Bommel

Blütenbommel

Die runden Blütenbommel werden nassgefilzt. Dazu eine Lauge aus Seife und Wasser erstellen. Streifen der Filzwolle in gewünschter Farbe in die Lauge eintauchen und um die Styroporkugel legen. Schicht für Schicht, bis die ganze Kugel ausreichend überlappend bedeckt ist. Dann wird die Kugel zwischen beiden Händen so lange gerollt und gedrückt, bis sich die Wollfasern miteinander zu einem festen Gewebe verhakt haben. In die fertigen Kugeln einen Draht stecken.

Kette aus Filzbommeln

Die verschiedenfarbigen Bommeln werden wie oben beschrieben gefilzt. Mit einer Nadel die Kugeln durchstechen und einen Kettenzwirn durchführen. Zwischen die Filzkugeln eventuell farblich passende Glasperlen ziehen. Die Kette ausreichend lang machen.

Bommelkissen

Wer fleißig Filzkugeln aufgefädelt hat, kann aus der kunterbunten Schlange auch ein Kissen formen. Zunächst aus einem Industriefilz (5 mm dick) die Größe des gewünschten Kissens kreisförmig ausschneiden und die Mitte fixieren. Dann die Kugelschnur in der Mitte ansetzen und dicht als Kringel drehen. Jede Kugel wird mit einem Tupfen Sekundenkleber auf der Filz-Unterlage fixiert.

Liebe in Filz

Filzkugeln in allen Größen lassen sich auch zu einem Bild der Liebe zusammenstecken. Auf einer in gewünschter Größe zugeschnittenen Pappe wird ein Strang aus Filzwolle, der leicht ineinander verdreht wurde, herzförmig aufgelegt und mit Sekundenkleber befestigt. Rundum dürfen dann die Kugeln in verschiedenen Farben und Größen Platz nehmen. Sie werden ebenfalls mit Sekundenkleber befestigt.

Was du zum Filzen brauchst

- Olivenölseife
- Styroporkugeln (Durchmesser 1,5–3 cm)
- Filzwolle in verschiedenen Farben
- Draht

design muss sein

Knöpfe, Säume & Co.

Egal ob am Hemd, der Bluse oder dem Bettbezug, Knöpfe verabschieden sich von Zeit zu Zeit. Hat man Glück, entdeckt man den flüchtenden Knopf rechtzeitig, andernfalls braucht man Ersatz. Bei vielen Kleidungsstücken ist ein Ersatzknopf eingenäht oder war in einem Tütchen beim Kauf dabei. Am besten sammelt man diese Knöpfe in einem Schächtelchen oder einem Schraubglas, damit man sie im Falle eines Falles auch wiederfindet. Jetzt muss der Knopf nur noch mithilfe von Nadel und Faden an die richtige Stelle. Kleine Nähsets gibt es in fast jedem Supermarkt zu kaufen.

Saumtricks

Hose oder Rock zu lang? Dann wird gekürzt! Für die richtige Länge rundherum mit Stecknadeln die gewünschte Länge abstecken und kontrollieren, ob die Kürzung überall gleich ist (mit einem Helferlein geht's einfacher). Kürzt man nur um etwa die Breite, die der Saum vorher hatte, kann man bei dünneren Stoffen einfach den eingeschlagenen Saum festnähen. Wird mehr gekürzt, fertigt man einen neuen Saum. Dafür braucht man ab der gewünschten Saumkante noch etwa 4 cm bis zur Stoffkante. Überschüssiger Stoff wird weggeschnitten. Die neue Saumkante markieren und 1,5 cm ab der Stoffkante nach innen umbügeln. Anschließend den Stoff noch mal ca. 2,5 cm bis zur neuen Saumkante nach innen bügeln. Jetzt nur noch festnähen und fertig ist der Saum. Nähfaule können für leichte Baumwollstoffe auch ein Saumband zum Aufbügeln verwenden.

An die Knöpfe …

■ Löst sich ein Knopf, lässt man die kleinen Fadenreste als Markierung im Stoff. Ein etwa 30 cm langes Stück Faden in eine Nähnadel einfädeln und an einem Ende einen dicken Knoten machen. Von unten an der Stelle durch den Stoff stechen, an der der Knopf angenäht werden soll, und den Faden vorsichtig bis zum Knoten durchziehen.
Nun den Knopf auf die Nadel fädeln und mit ausreichend Stichen festnähen. Bei Knöpfen mit vier Löchern ist es egal, ob mit buntem Garn oder farblich passendem, klassisch über Kreuz oder parallell festgenäht wird. Wichtig ist, dass es zum „Muster" der anderen Knöpfe passt. Hilfreich beim Knopf annähen ist ein kleines Stück feste Pappe, das wie ein dickes U aussieht. Legt man das Stück zwischen Knopf und Stoff, läuft man nicht Gefahr, den Knopf zu stramm anzunähen. Zum Schluss wird der Faden fest um den Fadenstamm zwischen Knopf und Stoff gewickelt, sodass ein Steg entsteht. Am Ende den Faden auf die Rückseite des Stoffs ziehen, verknoten und abschneiden. Spätestens jetzt kann man auch die alten Fäden aus dem Stoff ziehen.

■ **Für schweres Gewebe** wie Jeans oder Leder gibt es Spezialnadeln. Auch ein Fingerhut ist bei dicken Stoffen zum Durchstechen der Nadel hilfreich, damit sich das hintere Nadelende nicht in die Fingerkuppe bohrt.

■ **Für Jeansknöpfe** gibt es Ersatzknöpfe, die mit einem Hammer eingeschlagen werden, und solche, für die man eine Spezialzange braucht.

Lochmuster

■ Löchlein in T-Shirts o. ä. lassen sich schnell mit ein paar Stichen und farblich passendem Nähgarn wieder schließen. Dafür das Kleidungsstück auf links wenden, die Lochkanten rechts auf rechts aufeinander legen und mit kleinen Stichen zusammennähen. Für Blusenstoffe oder andere gewebte Stoffe gibt es auch einfarbige Schnellflicken, die einfach von innen auf das Löchlein gebügelt werden.

■ Je nach Kleidungsstück und eigenem Geschmack, kann man bei größeren Löchern aus der Not auch eine Tugend machen. So kann man entweder einen kontrastierenden Stoff darunter nähen, einen lustigen Bügelflicken aufbügeln oder die Lochkante mit buntem Garn umsticken. Wer es vintage liebt, lässt die Löcher und erklärt sie zur Mode.

Abgerissen?

Der Jeanssaum ist fransig und Mutter kommt zu Besuch? Nur keine Panik, jetzt kommt Trick 17:

■ **Hauruck-Methode:** Fransigen Saum nach innen umschlagen und mit dem Tacker festklammern. Nach Mutters Abreise mit dem Klammerzieher den Draht wieder entfernen und dem Fransenlook fröhnen.

■ **Speedmethode:** Die Fransen so weit abschneiden bis es ordentlich aussieht. Nach dem Besuch darf es weiter fransen.

■ **Höhere-Töchter-/Söhne-Methode:** Die Fransen abschneiden und mit einem hübschen Bändchen einen neuen Hosensaum annähen.

■ **Edelmethode:** Zur Schneiderin um die Ecke bringen, kostet ungefähr 10 Euro und sieht eins a aus!

Geschenke
schön & preiswert

Nicht nur zu Weihnachten und zum Geburtstag möchte man Menschen, die einem wichtig sind, ein Geschenk machen. Manchmal will man auch einfach Danke sagen. Wenn dann auch noch Ebbe in der Kasse herrscht, muss man kreativ werden und etwas Zeit investieren. Das zeigt dem anderen auch, dass er einem wichtig ist. In den kühleren Jahreszeiten bieten sich natürlich Schals oder Mützen an, aus den vorgestellten Grannies können Schals, Kissenbezüge oder auch Decken zusammengenäht werden. Auch die Sockentiere, Paperweights oder Minikuchen sind schöne Geschenke.

Das brauchst du

500 g fertiger Rührkuchen (ohne Rand)
150 g Frischkäse
25 g zerlassene Butter
200 g Kuvertüre nach Wahl

Zur Dekoration bunte Streusel, Zuckerherzchen, Zuckerschrift, Kokosflocken etc.

Cakepop-Stiele oder dicke Schaschlikspieße

Gläser, einen Styroporblock oder einen Schuhkarton mit Löchern

Süßstoff

Cakepops sind easy herzustellen. Rührkuchen und Überzug kann man frei wählen, ebenso natürlich die Deko. Gut schmeckt z. B. Schokokuchen mit Zartbitterkuvertüre und Kokosraspel. Bei weißer Schokolade kann man 1 TL Kokosfett beim Schmelzen zufügen, das macht die Glasur fester.

- Die zerlassene Butter mit dem Frischkäse glatt rühren. Den Rührkuchen in eine Schüssel bröseln und nach und nach mit dem Frischkäse-Butter-Gemisch verkneten, bis der Teig gut formbar ist.
- Aus dem Teig Kugeln mit 2 bis 3 cm Durchmesser formen und auf einen Teller setzen. Die Kugeln für ca. 20 Minuten ins Gefrierfach stellen, damit sie fest werden.
- Von den Spießen ggf. die Spitzen abschneiden und sie auf die gewünschte Länge kürzen. 50 g der Kuvertüre grob hacken und über einem Wasserbad schmelzen. Darauf achten, dass kein Wasser in die Schokolade gelangt.
- Die vorbereiteten Spieße jeweils etwa 2 cm tief in die Kuvertüre tauchen und dann eine Teigkugel aufstecken. Anschließend die Lollies nochmals 1 Stunde im Kühlschrank kalt stellen.
- Die restliche Kuvertüre grob hacken und über einem Wasserbad schmelzen. Die Dekostreusel etc. in flache Schalen geben.
- Die gekühlten Lollies mit der Schokolade überziehen. Gut abtropfen lassen und in den Streuseln wenden. Zum Trocknen in Gläser stellen oder in eine Styroporplatte stecken. Zuckerschrift erst auf den gehärteten Guss auftragen und fest werden lassen.
- Man kann den Teig auch ausstechen, statt ihn zu Kugeln zu rollen. Dafür nach dem Verkneten in Frischhaltefolie gewickelt ca. 30 Minuten kalt stellen. Dann etwa 1,5 cm dick ausrollen, ausstechen und auf einem Teller 20 Minuten ins Gefrierfach. Wie oben beschrieben weiterarbeiten.

Dosenvasen

- Eine Konservendose von Etikett und allen Kleberresten befreien und gründlich spülen.
- Wenn sie an der Öffnung scharfe Kanten hat, diese abfeilen oder umbiegen und mit etwas Isolierband abkleben.
- Wenn du keinen speziellen Serviettenkleber hast, kannst du auch 2 Teile angerührten Tapetenkleister mit 1 Teil Holzleim verrühren. Den Kleber dünn auf die Dose auftragen und die gewünschte Serviette oder das Geschenkpapier auflegen.
- Mit einem Pinsel und etwas Kleber alles glatt streichen, sodass es gut anliegt und keine Blasen oder Falten mehr drin sind.
- Die Dose gut trocknen lassen, noch mal eine Schicht Kleber aufstreichen und wieder trocknen lassen. Zum Schluss mit Klarlack besprühen.
- Wer mag befestigt noch bunte Schnüre als Aufhängung. Mit Blumen bestücken und Freude schenken!

schön recycelt

Upcycling

Aus Vorhandenem Neues herstellen, statt Altes wegzuwerfen? Das liegt nicht nur im Trend, sondern ist auch Schonung der Ressourcen. Wer für wenig Geld originelle Möbel möchte, erreicht mit der Upcycling-Methode viel. Europaletten, stabile Schachteln und Kisten, Fässer und Dinge aus Plastik oder Gummi, wie Reifen oder Planen, sind der Grundstoff für Kreativität. Wichtig ist zu wissen, was man bauen möchte. Da bei vielen Gebrauchtmaterialien die Herkunft unklar ist, sollten stark angegriffene Materialien nur für den Außenbereich verwendet werden.

Palette ist nicht Palette

Sie liegen hinter Fabriken, an Supermärkten oder man kann sie ganz einfach auch neu erwerben. Paletten sind in der Regel gestempelt und geben so Herkunft, Material und Nutzen Preis. Bei der Gütergemeinschaft www.gpal.de kann man mehr erfahren. Denn gerade bei gebrauchten Paletten ist nicht klar, ob sie Schadstoffe enthalten oder zum Schimmeln neigen. Bauanleitungen finden sich im Internet. Wer Hand anlegt, sollte außerdem ausreichend geschützt vorgehen. Handschuhe, Schutzbrille (Palettenholz kann spreiseln), Schleifpapier/-maschine und reichlich Malerfolie, um das Umfeld vor Holzspänen, Klebstoff und Lackresten zu schützen, gehören zum Handwerkszeug.

Palettendesign …

Die einfachste Methode des Palettendesigns ist das Stapeln. So können Sitzlandschaften, aber auch Tische entstehen, verbunden werden die Paletten durch Schrauben. Rollräder sorgen für die Beweglichkeit, denn Paletten sind schwer. Bevor die Paletten verarbeitete werden, sollte man sie glattschleifen. Neue Paletten können nach Fertigstellung auch mit Holzöl eingelassen oder lackiert werden.

Aus einer hölzernen Kabeltrommel kann sozusagen im Handumdrehen ein Tisch und mit Hilfe der Säge ein Schaukelstuhl entstehen.

Aus hölzernen Weinkisten lassen sich stabile Regalsysteme dübeln. Gerade in der Unterschiedlichkeit der Größen und Formen liegt der Reiz des Ensembles. Obstkisten eignen sich als Bilderrahmen und Schub- und Staufächer.

Fest miteinander verleimte Papierstreifen, die in einer Schnecke gelegt werden, ergeben Auflagen für Upcycling-Sitzmöbel.

Reste

Aus Plastiktüten Matten zu weben oder Taschen zu häkeln, ist eine Erfindung aus Drittweltländern. Und bei uns absolut trendy. Das Prinzip ist wie beim guten alten Flickenteppich: Plastikstreifen werden zu festen Geweben verarbeitet. Aus Plastikflaschen werden Fleecepullover – das ist perfektes Upcycling, aber für den Alltag zu kompliziert. Allerdings lassen sich aus Flaschenböden Schalen machen, Blumentöpfe, Vasen, Deko-Gegenstände, Aufbewahrungsobjekte und ganz einfach Kunst.
Karton ist, vor allem, wenn die Kartonagen durch Wellpappe verstärkt sind, ein robuster Werkstoff. Er kann leicht zugeschnitten und mit Sekunden- und Papierkleber verarbeitet werden. Dicht an dicht aneinander geklebt, werden Kartonteile zu einer stabilen Masse, die sowohl als Hocker als auch als Regal funktioniert.

Krumme schicke Nähte …

Jede Menge Stoffreste, aber keine Lust auf zeitraubende Näharbeiten? Das sind perfekte Voraussetzungen für „rough design". Dabei bleiben die Stoffkanten ungesäumt und alles wird gleich auf links genäht. Sichtbare Nähte und Herstellungsprozesse sind das Prinzip des DIY-Trends für Faule. Wichtig ist nur, dass die Stoffqualitäten einigermaßen zusammenpassen, sonst verziehen sich die Werkstücke. Gerade Überzüge lassen sich aus Stoffresten gut fertigen. Zusammen mit einem Upcycling-Sofa aus Europaletten ist das Möbel für Puristen an einem Tag gebaut, genäht und lieb gewonnen.

Im Übrigen ist die Reste-Methode auch geeignet für Patchwork-Decken. Niemand hat gesagt, dass die immer geometrisch perfekt und im Blümchen-Look daherkommen müssen. Ein Patchwork aus Jeansstoffen ist strapazierfähig und schwer im Trend. Nur das Nähen macht ein wenig Arbeit, denn Jeansstoff braucht Muskelkraft.

schlicht gut

Alles muss man

selber machen

Dübeln, drehen, schrauben

Einfach einen Nagel in die Wand schlagen und ein Bild aufhängen, wäre zu schön … Leider geht das in den meisten Wohnungen nicht. Meist muss da gebohrt werden. Wer es dennoch mit Nagel in Ziegelwand versuchen möchte, sollte eine große Portion Spachtelmasse bereitstellen – nicht selten bricht ein größeres Putzstück aus. Dann lieber gleich bohren, aber richtig. Zunächst sollte man wissen, aus welchem Material die Wand ist, denn es gibt verschiedene Bohrerarten für verschiedene Wände. Am besten fragt man den Vermieter oder Hausmeister. Dann muss man nur noch den richtigen Durchmesser wählen und passende Dübel und Schrauben/Haken besorgen. Auch hier kommt es auf die Wand an. Und ganz wichtig ist zu wissen, wo in der Wand elektrische Leitungen und Wasserrohre verlaufen.

Zur Sicherheit

Bohre nie ober- oder unterhalb eines Lichtschalters oder einer Steckdose oder auf der Rückseite von Wasserrohren. Wenn du auf Metall stößt, bohre nicht weiter, das ist meist die Abdeckung einer Leitung.
Prüfe deine Werkzeuge vor der Benutzung auf Beschädigungen. Bohre nicht mit verbogenen Bohrern und setze sie fest und richtig ein, sonst kann es zu Verletzungen kommen.
Wenn du über Kopf bohrst, kann eine Schutzbrille und evtl. ein Mundschutz hilfreich sein.
Positioniere dich beim Schrauben, Bohren, Schneiden etc. so, dass du gut arbeiten kannst, nicht wegrutschst und dich nicht verletzen kannst, solltest du abrutschen.

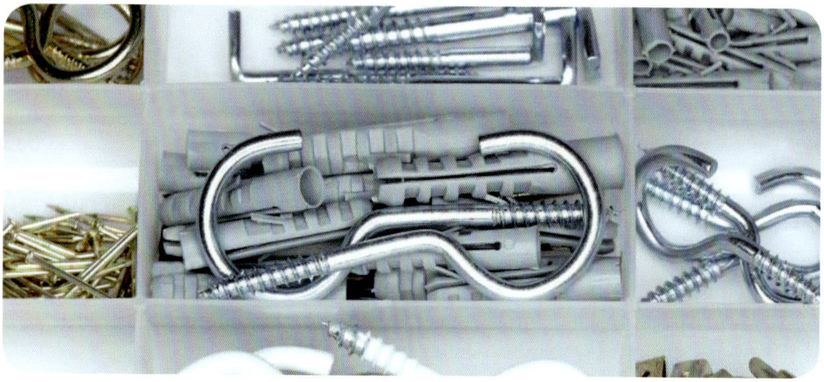

Es hakt

Bilder hängt man am besten mit einem Bilderhaken auf. Dieser wird ähnlich wie eine Schraube in die Wand gedreht, natürlich mit Dübel. Die Mitarbeiter im Baumarkt helfen gerne weiter und suchen die passende Aufhängung für Gewicht und Wandart.
Soll ein Bild an zwei Haken aufgehängt werden, müssen diese exakt ausgemessen werden. Damit sie auf gleicher Höhe sind, benutze am besten eine Wasserwaage oder ein Lasermessgerät. Nur so hängt das Bild später gerade.
Markiere die Stelle an der Wand, wo der Haken hin muss, mit einem Bleistift. Stelle dich gerade und sicher hin, sodass du nicht wegrutschen oder kippeln kannst. Die Markierung sollte idealerweise etwa in Brusthöhe sein, dafür musst du evtl. auf eine Leiter o. Ä. steigen. Bohre nur so tief, wie der Dübel lang ist. Achte darauf, dass du gerade bohrst. Wenn ein Helfer in der Nähe ist, kann er mit dem Staubsauger direkt den Bohrstaub absaugen.
Ist das Loch gebohrt, drücke den Dübel so weit rein, dass er mit der Wand bündig abschließt. Dann schraube den Haken rein, dabei spreizt sich der Dübel auf und der Haken sitzt fest. Fertig!

Alles, was man so braucht

Ein Werkzeugkasten muss nicht groß sein, ein paar Werkzeuge genügen für die meisten Arbeiten. Allerdings sollte Werkzeug eine gute Qualität haben, bei billigem zahlt man drauf.
Es gibt fertig bestückte Werkzeugkästen, kleinere Sets mit Bits, Haltern/Ratschen und natürlich einzelne Werkzeuge zu kaufen. Wofür man sich entscheidet, hängt von den Vorlieben ab und natürlich von der Verwendung. Manche Einzelteile kann man von Freunden und Verwandten leihen, einfach mal nachfragen. Oder man lässt sich das Werkzeug schenken, Väter sind da eine dankbare Anlaufstelle.
Ein paar Werkzeuge sind sinnvoll, andere sind nice to have:

- Ein Hammer ist nicht nur zum Heimwerken hilfreich, in der Küche kann man damit auch Nüsse kleinkriegen.
- Schraubendreher für Schlitz und Kreuzschlitz in jeweils zwei Größen sollten in keinem Werkzeugkasten fehlen. Irgendwas festschrauben fällt immer mal an.
- Ein Spannungsprüfer ist hilfreich, um zu testen, ob irgendwo Strom drauf ist, sei es an einer Lampe, einem Gerät oder an einer Steckdose.
- Einen Inbusschlüssel- und/oder Maulschlüsselsatz braucht man vor allem fürs Fahrrad.
- Ein Akkuschrauber ist sinnvoll, wenn man viel schraubt, aber eigentlich für den normalen Haushalt nicht nötig. Man kann sie bei Bekannten, in vielen Baumärkten oder Leihbörsen auch ausleihen.
- Eine Kombizange ist der Allrounder, mit ihr kann man Sachen festhalten, biegen oder auch Kabel schneiden. Die Telefonzange ist spitzer und in Garten und Haushalt eine gute Hilfe.
- Eine Wasserpumpenzange braucht man z. B., um das U-Rohr am Waschbecken abzuschrauben oder einen verkalkten Perlator am Wasserhahn.
- Ein Maßband oder Zollstock und ein Trapez- oder Abbrechklingenmesser braucht man auch immer wieder. Mal schnell was ausmessen, den Karton zerschneiden, damit er in die Papiertonne passt, … irgendwas fällt immer an.

Da geht einem ein Licht auf

Tatsächlich ist Lichtdesign eine Wissenschaft. Falsch ausgeleuchtet kann ein Raum ein echtes Kummerloch werden. Doch mit den richtigen Lichtquellen strahlt auch die kleinste Kammer. Grundsätzlich leuchten viele kleine Lichtquellen, die z. B. am Boden stehen oder an den Wänden angebracht sind, sympathischer als ein flutendes Deckenlicht. Wer dennoch nicht auf Licht von oben verzichten möchte, sollte sich an Lampen halten, die das Licht schön diffus verteilen. Schlicht und billig sind die mittlerweile klassischen Papierballons. Grundsätzlich gilt: Licht ist teuer und die richtige Wahl der Birne kann über eine hohe oder niedrige Stromrechnung entscheiden.

Wie hell ist das denn?

Bei Glühbirnen war klar: 20 Watt war eine ziemliche Funzel und mit 100 Watt war der Raum hell. Diese Bezeichnungen greifen bei den Energiesparlampen nicht mehr, die Wattzahl sagt nichts über den Leuchtgehalt aus, Watt steht hier für Leistung. Gut, wer da Watt in Lumen (lm), den Helligkeitsgrad bei Energiesparlampen, umrechnen kann:
176 lm (5-Watt)-Energiesparlampe = 25-Watt-Glühbirne
405 lm (9-Watt)-Energiesparlampe = 40-Watt-Glühbirne
730 lm (14-Watt)-Energiesparlampe = 60-Watt-Glühbirne
1151 lm (20-Watt)-Energiesparlampe = 100-Watt-Glühbirne

Licht und **Umwelt**

- Glühbirnen sind wegen ihrer geringen Energieeffizienz und ihrem hohen CO_2-Ausstoß mittlerweile in vielen Teilen Europas nicht mehr erlaubt (Energieeffizienz D–G).
- Kompaktleuchtstofflampen haben eine deutlich bessere Energieeffizienz, enthalten aber Quecksilber und müssen aufwändig entsorgt werden (Energieeffizienz A–B).
- Halogenlampen sind 33% sparsamer als Glühbirnen und eignen sich zum Dimmen (Energieeffizienz B–F).
- Kompaktleuchtstofflampen sind besonders kleine Energiesparlampen mit langem Leben. Die Anschaffungskosten sind hoch, die Energieersparnis allerdings auch (Energieeffizienz A–B).
- Hohe Lichtausbeute und lange Lebensdauer haben Leuchtdioden, sogenannte LED-Lampen sind 6-mal effizienter als Glühbirnen (Energieeffizienz A).

Ein Lichtlein brennt

So viele bunte Kabel hier – das wird sich schon so mancher gedacht haben, der nach dem Einzug eine Lampe montieren wollte. In Wahrheit sind es eben nur drei Kabel, aber alle mit anderer Funktion:

- Gelb-grünes Kabel oder rotes = Schutzleiter oder PE-Kabel = Erdung (Schutzkabel)
- Braunes oder schwarzes Kabel = Phase oder L-Kabel, liefert den Strom
- Blaues oder graues Kabel = Nullkabel oder N-Kabel = führt den Strom weg

In Altbauten kommen meist nur Phase und Erdung vor.

Um die Lampenkabel mit den Drähten aus der Decke zu verbinden, braucht man eine Lüsterklemme.

- Schritt 1: Sicherung rausdrehen, mit dem Phasenprüfer testen, ob auf dem Draht noch Strom fließt.
- Schritt 2: Schrauben an Lüsterklemme lösen, aber nicht ganz herausschrauben.
- Schritt 3: Die Drähte über die Lüsterklemme miteinander verbinden, nach dem Prinzip: Farbe zu Farbe, in der Reihenfolge: Schutzleiter, Nullleiter, Phase.
- Schritt 4: Sind die Drähte verbunden, Schrauben der Lüsterklemme wieder festziehen.
- Schritt 5: Kabeldeckel über Lüsterklemme schieben, Sicherung wieder eindrehen.

Checkliste Lampenmontage

- Leiter
- Spannungsprüfer
- Lüsterklemme
- Lampe mit Fassung
- Glühbirne

Wasser, Rauch, Feuer

Es sind tatsächlich die Grenzsituationen – Räume stehen unter Wasser, es qualmt oder noch schlimmer, es brennt. Dann ist Ruhe mit Geschwindigkeit gefragt – eine Kombination, die nicht ganz einfach ist. Deshalb ist es gut, den „worst case“ einmal im Geiste durchzuspielen. Schaden vorbeugen ist das Sicherste, z. B. Rauchmelder in die Räume einbauen. Ist erst einmal was passiert, ist Schadensbegrenzung das Mittel der Wahl, also retten, was geht und so schnell wie möglich. Anschließend kann man sich einen Kopf machen, wie der Schaden zu beheben ist.

Bei Brand

- Fenster und Türen schließen
- Wenn es geht, Brandherd löschen, z. B. mit Feuerlöscherschaum oder Wasser, bzw. ersticken, z. B. mit Wolldecke oder Sand.
- Ölbrände niemals mit Wasser löschen, sondern mit einer Löschdecke
- Neben Christbäumen immer Wassereimer platzieren

In schweren Fällen:

- Fluchtweg suchen
- Türen hinter sich immer schließen
- Feuchte Lappen vor den Mund halten
- Immer nach unten fliehen
- Niemals Aufzüge benutzen
- Ist Fliehen aus einer Wohnung nicht mehr möglich, mit nassen Lappen die Ritzen und Dichtungen zum Brandraum abdichten
- Laken als Signal aus dem Fenster hängen

Rost, Frost und Frust

- Frost ist eine der häufigsten Ursachen für Wasserrohrbruch. Deshalb bei längerer Abwesenheit im Haus immer Wasser abstellen und aus den Leitungen fließen lassen.
- Die Waschmaschine/Spülmaschine läuft aus: Grundsätzlich die Maschine ausschalten und den Wasserzulauf zudrehen. Es kann aber auch sein, dass sich Muffen und Verbindungsteile zwischen Maschine und Ablauf lösen – deshalb Maschine immer durch einen Fachmann anschließen lassen.
- Wasserschaden durch eindringendes Wasser von außen: Fenster, wenn man wegeht, immer schließen. Zum einen als Schutz gegen Einbrecher zum anderen als Schutz gegen Witterung.
- Eindringendes Wasser kann zum Nachbarn durchsickern und Wasser-/Stockflecken an der Decke ergeben oder zu Schimmelbildung im Gebälk führen.
- Grundsätzlich ist der Verursacher des Wasserschadens für die Schadensregulierung zuständig, meist abgedeckt durch eine Haftpflichtversicherung. Der Geschädigte ist zusätzlich durch eine Hausratversicherung abgesichert.
- Sind Leitungen im Haus von Rost oder anderem Verschleiß betroffen, trifft den Mieter keine Schuld. Hier greift meist die Versicherung des Vermieters.
- Eindringendes Grundwasser in den Keller kann zu erheblichen Schäden führen. Deshalb im Keller alle Sachen auf Europaletten lagern, damit ist zumindest 10 Zentimeter Luft zum Boden.
- Bei Überschwemmungen sind die Rechteverhältnisse abhängig von den Verträgen mit den Versicherungen.
- Bei Wasserschäden, die durch Bauarbeiten außerhalb des Hauses verursacht werden, greift meist die Versicherung der Gemeinden oder des Schadensverursachers.

Hilfe!

Überall in Europa ist die Notrufnummer für Polizei, Feuerwehr, Rettungsdienste gleich: Notrufnummer 112

Nach Reihenfolge der Wichtigkeit werden folgende Fragen gestellt (5-W-Sätze)

- Wo ist es geschehen?
- Was ist geschehen?
- Wie viele Personen sind betroffen?
- Was ist der Schaden?
- Warten auf Rückfragen (nicht auflegen)

Notrufe sind auch aus dem Handynetz kostenlos.

Hilfe, Überschwemmung

- Bei Leitungswasserschäden sofort den Hauptwasserhahn zudrehen, damit kein Wasser nachlaufen kann.
- Sicherungen herausdrehen, damit es nicht zu Stromschlägen kommen kann.
- In schweren Fällen Feuerwehr rufen (Einsatz kostet!)
- Mit Lappen und Eimern Wasser beseitigen.
- Mit Pumpen und Absauggeräten Restwasser aus dem Haus bringen, damit sich kein Schimmel bildet.
- Feuchte Möbel etc. aus dem Haus bringen.
- In leichten Fällen anschließend Heizen und Lüften.
- In schweren Fällen Trockengeräte aufstellen.
- Wandsanierung vornehmen, das heißt meist, dass aller Putz abgeschlagen werden muss, denn darunter kann sich Schimmel bilden. Anschließend wird neu verputzt.

- Wasser in Autoinnenräumen kann durch ausgelegtes Zeitungspapier aufgesaugt werden.
- Dann Auto in eine geheizte Garage stellen oder in die Sonne und Fenster runterkurbeln.

Es schwimmt

Wenn es stopft

Das Wasser im Waschbecken oder der Dusche/Badewanne läuft nicht mehr richtig ab? Die Toilette läuft noch nach? Der Heizkörper ist nicht gleichmäßig warm? Bei vielen kleineren Problemen wie diesen kann man selber Hand anlegen. Mit etwas regelmäßiger Vorsorge kann man sie zum Teil vermeiden. So fängt z. B. ein Haarsieb in der Dusche den größten Teil der langen Haare auf und man kann sie nach dem Duschen einfach in den Müll werfen. Für die Küchenspüle gibt es ähnliche Siebe, die das meiste auffangen. Das regelmäßige Durchspülen mit kochendem Wasser schwemmt kleinere Ablagerungen im Rohr fort. Niemals verdünnte Gipsreste oder auch größere Öl- bzw. Fettreste in den Abfluss schütten. Sie können auf dem Weg nach unten härten und das Rohr verstopfen. Also immer in den Restmüll.

Wasser marsch

Wenn der Wasserhahn tropft oder der Strahl unregelmäßig ist, liegt das meist an einem verkalkten Perlator, das ist der kleine Einsatz, aus dem das Wasser aus dem Hahn kommt. Er sollte regelmäßig entkalkt werden, am besten mit Zitronensäure.
In einem Glas die Zitronensäure auflösen, den Perlator abschrauben und alle Teile in das Glas legen. Mindestens 30 Minuten entkalken lassen, abspülen und wieder einsetzen. Normalerweise lässt sich der Perlator mit der Hand rausdrehen, wenn er länger nicht entkalkt wurde, muss man mit der Zange etwas nachhelfen. In schweren Fällen kann man ein Tuch mit Zitronensäure oder Essigessenz tränken und um den Kopf des Wasserhahns wickeln, um den Kalk zu lösen.
Nach einiger Zeit prüfen, ob er sich drehen lässt.

Rohr frei

Ein verstopfter Abfluss ist ärgerlich. Im Bad sammeln sich vor allem Seifenreste und Haare, in der Küche sind es kleine Speisereste oder auch Fett. Bevor man jedoch einen Installateur ruft oder schädliche Chemie reingießt, sollte man es mit anderen Methoden versuchen: Eine Saugglocke bzw. ein Pümpel arbeitet mit Unterdruck und lockert dadurch die Verstopfung.

- Saugglocke über das Abflussloch stellen. Der Gummirand sollte gut im Waschbecken anliegen und den Abfluss vollständig abdecken.
- Ca. 5 cm Wasser in das Becken laufen lassen und den Holzstab drei- bis viermal kräftig nach unten drücken, ohne dass sich die Gummiglocke vom Waschbecken löst. Beim letzten Hochziehen den Griff leicht kippen und die Glocke abziehen. Wasser nachlaufen lassen, um zu sehen, ob der Abfluss frei ist. Den Vorgang ein paar Mal wiederholen.
- Ist die Verstopfung beim Waschbecken im U-Rohr, kann man, falls erforderlich, das Rohr auch leicht abmontieren. Dafür einen ausreichend großen Eimer unter das U-Rohr stellen, um Wasser und Dreck aufzufangen. Mit einer Wasserpumpenzange vorsichtig die beiden Ringe oben und unten lösen, mit der Hand aufschrauben und langsam das Rohr entfernen. Die Dichtungsringe säubern. Das Wasser, das im Rohr steht, in den Eimer schütten und mit einer Drahtbürste das Rohr reinigen. In einem anderen Waschbecken mit heißem Wasser ausspülen. Ist das Rohr gesäubert, die Dichtungsringe wieder einsetzen und das Rohr wieder anschrauben. Mit der Zange die Ringe anziehen, aber nicht zu fest.

Heizkörper entlüften

Wenn der Heizkörper nicht mehr gleichmäßig warm wird, muss man ihn entlüften. Dafür gibt es einen speziellen Schlüssel, den man entweder bei der Wohnungsübergabe bekommen hat oder sich im Baumarkt besorgt.

- Den Heizkörper voll aufdrehen. Gegenüber vom Thermostat ist ein Ventil. Eine Schüssel so nah wie möglich darunter halten und langsam das Ventil eine viertel bis halbe Drehung aufdrehen. So kann die Luft aus dem Heizkörper entweichen. Sobald ein konstanter Wasserstrahl rausläuft, das Ventil wieder zudrehen.
- Manchmal sitzt auch der Stift im Thermostat fest und es wird nicht mehr geheizt. Dann schraubt man den Griff ab und versucht mithilfe einer Zange, den kleinen Stift in der Mitte raus und rein zu schieben. Er sollte von alleine herausgedrückt werden. Griff wieder aufsetzen.

Es läuft und läuft …

Laufende Klospülungen sind nicht nur lästig, sie sind reine Verschwendung und werden teuer. Da muss der Vermieter informiert werden, der wird einen Installateur oder den Hausmeister beauftragen. Zunächst kann man es aber vorsichtig selbst versuchen.

- Bei Spülkästen über der Toilette lässt sich der Deckel einfach abheben, bei einem Unterputzkasten nimmt man die Blende/Spültaste ab. Dann ein paar Mal spülen und checken, wie das Ventil richtig schließt und der Schwimmer sich bewegt. Durch stetig fließendes Wasser setzt sich mit der Zeit so viel Kalk ab, dass die Funktionen blockiert werden.
- Den Zulauf abdrehen, Wasser ablaufen lassen und allen sichtbaren Kalk mit Zitronensäure entfernen.
- Wasser wieder einschalten und prüfen, ob sich die Klappe unten nach dem Spülvorgang richtig schließt. Wenn dann noch Kalk abgelagert ist, erneut Zitronensäure einwirken lassen.
- Prüfen, ob der Schwimmer funktioniert, auch hier kann sich Kalk ablagern.
- Sind Schwimmer oder Klappe defekt, muss der Fachmann ran. Vorher mit dem Vermieter klären, ob er einen Installateur hat und wer die Kosten übernimmt.

Dos und dont's im Haus

Renovieren, Reparieren, Bohren … was man im Haus an kleineren Arbeiten ohne professionelle Hilfe machen kann, muss man je nach den eigenen Fähigkeiten selbst entscheiden. Grundsätzlich heißt es im Mietrecht, dass man Renovierungsarbeiten selbst machen darf, wenn sie fachgerecht ausgeführt werden. Größere Eingriffe sollten mit dem Vermieter abgeklärt werden. Bei allem, was Lärm macht, unbedingt auf die Ruhezeiten achten, also nicht spätabends oder am Sonntag bohren. Bei längerfristigen Arbeiten entschuldigt man sich am besten schon im Vorfeld bei den Nachbarn, falls es zu laut werden sollte. Das schafft ein gutes Klima und sie sehen auch zukünftig über vieles hinweg. Entstandener Dreck im Treppenhaus etc. wird natürlich gleich wieder weggeputzt.

Wer darf was

Wänderausreißen oder Durchbrüche sind in Mietwohnungen und -häusern ohne Absprache mit dem Eigentümer nicht erlaubt. Mancher Eigentümer stimmt unter der Voraussetzung zu, dass beim Auszug alles wieder in den ursprünglichen Zustand versetzt wird, aber das ist selten. Natürlich kommen dafür auch höchstens nicht tragende Wände ohne Leitungen infrage und die Arbeiten sollten von einem Profi durchgeführt werden.

Malerarbeiten kann man ohne Probleme selbst ausführen. Streicht man eine oder mehrere Wände farbig, muss man sie beim Auszug meist wieder überstreichen. Das gilt auch, wenn man die Wohnung unrenoviert übergibt. Nur Pastelltöne dürfen in Absprache mit dem Vermieter bleiben.

Bohren sollte man nicht in unmittelbarer Nähe von Wasserleitungen, Lichtschaltern oder Steckdosen. Bohrmaschine und Bohraufsatz müssen auf die Wand abgestimmt sein. Beim Auszug müssen die gebohrten Löcher wieder vor dem Streichen mit Spachtelmasse verschlossen werden.

Lampen kann man mit etwas handwerklichem Geschick auch selbst aufhängen. Natürlich vorher die Sicherung rausnehmen. Sollte für die Aufhängung ein Loch gebohrt werden müssen, holt man sich einen Fachmann, wenn man sich unsicher mit den Leitungsverläufen in der Decke ist. Weiß man, wie die Leitungen laufen, bohrt man in ausreichendem Abstand das benötigte Loch.

Waschmaschinen und Spülmaschinen sollten von einem Fachmann angeschlossen werden. Bestellt man die Geräte neu, machen das auch häufig die Transporteure. Erfahrene Freunde oder Verwandte können hier natürlich auch behilflich sein. Im Falle eines Schadens muss man dann aber zahlen.

Herde dürfen nur von Fachmännern angeschlossen werden, da hier mit Starkstrom gearbeitet wird.

Größere Reparaturen sollten am besten von einem Fachmann durchgeführt werden. Damit ist man auf der sicheren Seite. Sollte bei Arbeiten, die man selber ausführt, etwas schief gehen, zahlt man auch selber, da das keine Versicherung abdeckt.

Feuerlöscher

Tragbare Feuerlöscher sind zwar gesetzlich nicht für Privathaushalte vorgeschrieben, immer mehr Leute legen sich aber einen zu. Beim Kauf ist darauf zu achten, dass er nach DIN EN 3 zertifiziert ist. Er sollte auf jeden Fall im Fachhandel nach eingehender Beratung gekauft werden. Je nachdem, was im Zweifel gelöscht werden soll, gibt es verschiedene Arten. Viele Firmen bieten auch einen Wartungsvertrag mit an, da die Feuerlöscher regelmäßig überprüft werden müssen. Informationen bekommt man auch bei der örtlichen Feuerwehr, manche bieten auch Schulungen an.

Fuhrpark auf Vordermann

Wie auch immer der fahrbare Untersatz aussieht, er muss gewartet werden. Das heißt so viel wie: nicht erst darauf warten, bis etwas kaputt geht, sondern die Betriebsfähigkeit stets überprüfen und Schäden schon im Vorfeld beseitigen, bevor sie große Kosten verursachen. Das gilt für Auto, Roller, Motorrad und Fahrrad. Im Winter empfiehlt sich ein Extra-Schutzprogramm, das ist weder spießig noch übertrieben: Schließlich geht's um nicht weniger als um Sicherheit und Geldsparen. Grundsätzlich werden alle Fahrzeuge, die in den Winterschlaf geschickt werden, vorher geputzt, denn Schmutz frisst sich mit der Zeit in alles rein.

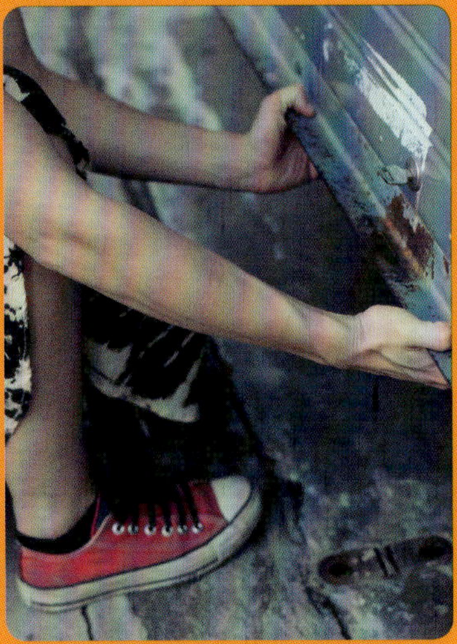

Winterservice fürs Auto

- Winterreifen beim Auto sind Pflicht
- Frostschutzmittel in die Waschanlage
- Evtl. Türdichtungen mit Vaseline einreiben
- Eiskratzer, Schaufel und Besen ins Auto, denn bei Autos gilt Räumpflicht, d. h. man muss den ganzen Schnee vom Auto entfernen, damit er nicht den Verkehr gefärdet.

Winterservice Fahrrad

Im Winter liebt das Fahrrad einen trockenen Platz, sonst fließt Wasser in die Brems- und Schaltleitungen, es rostet und die Kabel reißen. Vor dem Winter noch einmal Ketten, Lager, Radnaben ölen. Evtl. das Gestänge mit Rostschutz einreiben. Lampen erneuern. Zum Abstellen in Keller, Hausgang, evtl. sogar Fahrrad mit in die Wohnung nehmen. Wer keine Unterstellmöglichkeit hat, sollte in eine Fahrradplane investieren, es lohnt sich. Wetterschutzkleidung im Winter immer mitnehmen.

Motorrad

- Im Winter sollten Motorräder abgemeldet und eingemottet werden. Die Fahrverhältnisse sind einfach zu unsicher.
- Zum Unterstellen evtl. eine Möglichkeit auf dem Land suchen, ist billiger und der erste Ausflug zum zweirädrigen Liebling wird dann im Frühjahr zum Event.

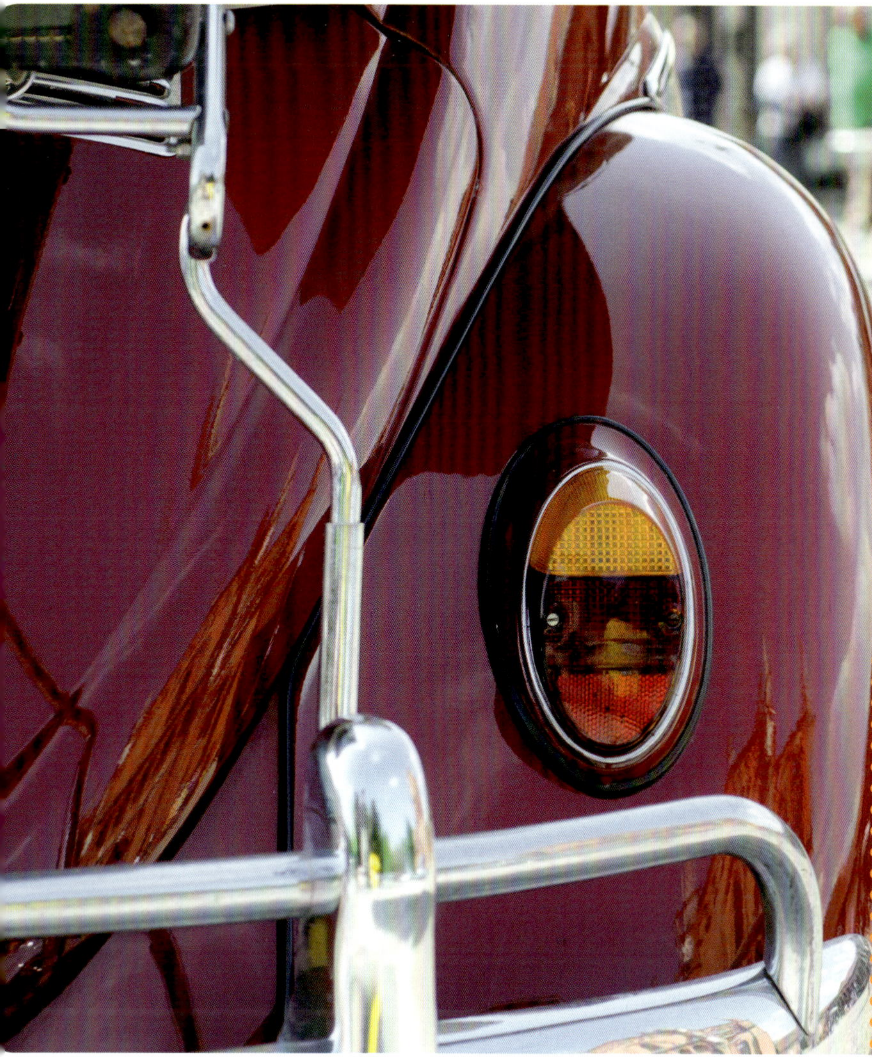

So hält ein Auto länger

- Regelmäßiger Ölwechsel
- Gutes Öl verwenden
- Motor warm fahren und nicht im kalten Zustand hochheizen
- Unnötige Kaltstarts und Kurzstrecken vermeiden
- Mit Gefühl schalten. Die Synchronisierung eines Getriebes reagiert sensibel auf hakeliges Schalten und reingedonnerte Gänge.
- Regelmäßig Ölstand und Kühlwasser prüfen
- Schlaglöcher umfahren. Stoßdämpfer und Achsen werden es danken.
- Auf der Karosserie keine Taschen oder Bierträger absetzen, keine Eiskratzer auf dem Lack verwenden
- Wartungsintervalle einhalten, denn so können viele Schäden und Fehler rechtzeitig erkannt werden

Rollerhilfe

- Roller/Vespa stets vor der Fahrt auf Sicherheit prüfen: Scheinwerfer, Bremslicht, Blinker, Reifen, Bremsen, Rückspiegel, Hupe
- Visier des Helms regelmäßig putzen
- Schwache Glühbirnen sofort austauschen. Für viele Roller besteht Abblendlicht-Pflicht.
- Bei Nacht und Nebel leuchtende Weste tragen

rollt und rollt

Emergency Room

Keine Mama weit und breit, die einem Tee kocht, die berühmt-berüchtigte Haferschleimsuppe herstellt oder mit der Hand auf der Stirn sagt: „Schatz, das gefällt mir nicht …" Das kann ganz schön ungewohnt sein, nie vermisst man sein Zuhause mehr, als wenn man kränkelt. Abhilfe schafft: 1.) Nie krank werden. 2.) Wenn es doch passiert, gut ausgerüstet sein, um die ersten Tage nicht wie ein Päckchen Kunsthonig in der Ecke zu liegen.

Hausrezepte

Halsweh: Nichts macht einen so schnell elend wie Halsschmerzen. Gut gegen Allerweltshalsschmerzen sind heißer Tee/heiße Milch mit Honig, warmes Salzwasser oder Salbeitee gurgeln, ab und an ein Bonbon lutschen (nicht zu oft, das trocknet aus) und Ruhe geben. Klingen die Beschwerden nicht nach zwei Tagen ab, zum Arzt gehen. Dann können Infektionen vorliegen.

Bauchweh: Zunächst ausschließen, dass es der Blinddarm ist, entweder, weil man eh keinen mehr hat oder durch jemanden, der sich damit auskennt. Dann Wärmflasche auflegen, Kamillentee trinken und flach hinlegen. Oft entsteht unspezifischer Bauchschmerz durch zu langes gekrümmt Sitzen. Ist fehlender Stuhlgang das Problem, dann Abführendes wie Apfelmus oder Sauerkraut essen.

Übelkeit: Erbrechen und Durchfall können verschiedene Ursachen haben. Nach durchsoffener Nacht hilft Schlaf, eine Brezel und ein grünes Smoothie. Bei Lebensmittelvergiftung sofort zum Arzt. Bei Magen-Darm-Virus ebenfalls und schonende Kost wie Zwieback, Salzstangen, Cola, Tee oder Haferschleimsuppe. Ja, hilft tatsächlich.

Regelschmerzen: Manche kennen es gar nicht, andere haben das „Vergnügen" jeden Monat. Wärmflaschen an Rücken und Bauch sind das erste Mittel. Frauenmanteltee (aus der Apotheke) hilft auch. Wird's nicht besser, eine passende Schmerztablette nehmen. Und am allerbesten: Hinlegen! Hetze, Stress und Herumhopsen sind für Regelschmerzen nichts.

Blasenschmerzen: Viel, viel trinken und dann zum Arzt. Blasenschmerzen können diverse Ursachen haben, von Erkältung über Nierensteine bis zur Infektion.

Kopfschmerzen: Da es ca. 250 verschiedene Kopfschmerztypen gibt, beschränken wir uns auf wenige Hilfsmaßnahmen. Kalte/warme Lappen auf die Stirn legen. Die Schläfen mit eukalypthushaltigen Salben eincremen. In einem dunklen Raum hinlegen, Augen schließen, an der Nasenwurzel entlangstreichen. Evtl. den Nacken massieren lassen.

Schnupfen: Dauert acht Tage oder eine Woche. Neben Nasenspray (nur drei Tage einsetzen), Dampf inhalieren und viel, viel trinken.

Grippaler Infekt: Da bleibt man im Bett, nimmt etwas gegen das Fieber und holt bei anhaltendem Unwohlsein den Arzt. Frische Säfte, Süppchen, Griesbrei und der Kinderkanal im Fernsehen helfen ebenfalls. Notfalls auch ein Telefonat mit Mutti, bei dem sie sagt: „Schatz, das gefällt mir gar nicht …"

Verbandskasten

- Heftpflaster oder Pflasterstrips
- Wundschnellverband, Verbandpäckchen
- Kompressen
- „Cool & Warm"-Pack
- Evtl. Stretchverband
- Mullbinde
- Verbandschere
- Pinzette
- Zeckenzange

Hausapotheke

- Desinfektionsspray
- Wundsalbe oder -puder
- Salbe gegen Insektenstiche und Sonnenbrand
- Mittel gegen Brechdurchfall (z. B. Vomex)
- Mittel gegen Fieber (z. B. Ibuprofen)
- Mittel gegen Kater (Aspirin, Alkaselzer)
- Wer sich damit auskennt: evtl. Homöopathie-Notfallset

Erste Hilfe in nächster Nähe

Nicht jeder hat gleich einen Rettungshund parat, wenn er sich in den Finger schneidet, mit dem Bügeleisen den Oberschenkel verbrennt oder sich im Briefkasten die Finger einklemmt. Für all jene mechanischen Verletzungen ist ein ordentlicher Verbandskasten, wie er in jedem Auto liegen sollte, eine Beruhigung. Aber wer rennt schon gern zum Auto, wenn es weh tut. Also entweder einen Verbandskasten auch daheim lagern oder zumindest ein Notfallset parat haben. Und ein Stofftier zum Trost!

Alles gegen Aua

Haushalt für

Anfänger

Putz basics

Ob Putzmuffel oder Putzteufel – ein sauberer Haushalt ist nicht nur eine Frage der Ästhetik, sondern auch der Hygiene. Wo Essensreste, Schmutzreste aller Art alt und gammelig werden, lockt das auch Ungeziefer an oder es schimmelt. Beides ist lästig und ungesund. Man muss nun nicht jede Woche die Wohnung desinfizieren, aber regelmäßiges Aufräumen und Putzen hat vielerlei Vorteile. Auch den, dass Eltern unerwartet zu Besuch kommen können, ohne in Ohnmacht zu fallen. Dabei muss man es nicht übertreiben. Selbst wenn es nahezu für jedes Material, jeden Verschmutzungsgrad und jede Hygienestufe ein anderes Putzmittel gibt, muss man sich nicht einen halben Drogeriemarkt ins Haus holen. Nahezu alles lässt sich mit einem Gemisch aus Wasser und verdünntem Spülmittel oder Wasser mit Kernseife reinigen. Sogar Fenster können damit vorbehandelt werden.

Das brauchst du

- Schwammtuch
- Putzlappen
- Schrubber
- Essigessenz
- Spülmittel
- Kernseife

Die Wohnung putzen, so geht's

Geputzt wird von oben nach unten. Mit einem fast feuchten (Nebelfeuchten) Tuch alle Oberflächen wischen. Immer nur in eine Richtung, sonst wird der Schmutz verteilt. Dann Polster und Böden saugen, schließlich die Böden nass wischen.

■ **Küche:** Metall lässt sich gut mit Spülmittel behandeln. Es löst Fett und Essensreste. Kalkablagerungen an Hähnen werden mit Essigessenz gelöst. Die Cerankochfelder des Herdes bekommen mit Spülmittel, Wasser und einem Putzschwämmchen ihr Fett weg. Plastikflächen können mit Zitronensaft fettfrei gemacht werden.

■ **Kühlschrank:** Auch wenn es lästig ist, Kühlschränke müssen regelmäßig gereinigt werden, z. B. mit Essigwasser. Die Einsätze können mit Spülmittel und heißem Wasser behandelt werden, die Glasflächen entweder mit Glasreiniger oder mit Essigwasser. Alle Flächen nach dem Reinigen mit einem Gläserhandtuch trocken reiben.

■ **Bad:** Essigessenz verdünnt eingesetzt auf Keramik und Spiegeln löst den Kalk und wird beim Nachputzen mit einem Handtuch schön glänzend. Vorteil von Essig: Er tötet Bakterien, außerdem ist Essigessenz billiger als jedes andere Putzmittel.

■ **Schlafzimmer:** Die Bettdecken aufschlagen, die Kissen ausklopfen, die Leintücher glatt streichen und gut lüften.

Muttis Tricks

- **Teppiche:** saugen, klopfen, und zur Not einmal mit Teppichschaum behandeln
- **Parkett:** Wasser und Kernseife genügen für versiegeltes Parkett
- **Toiletten:** Cola oder Backpulver sind ideale Putzmittel für Toiletten, Essigwasser ersetzt WC-Reiniger
- Eingetrocknete Töpfe über Nacht mit Wasser und einem Spritzer Spülmittel einweichen
- Klebebänder sind ideale Entfussler, ob bei Kleidern oder Teppichen
- Mit Gummihandschuhen entfernt man Hundehaare
- **Fenster:** Warmes Wasser mit einem Spritzer Spülmittel reicht als Reinigungsmittel. Die Fenster mit einem Lappen und dem Putzwasser abwischen und anschließend mit einem Rakel abziehen.

Lästige Mitbewohner: Motten, Rost, Schimmel

Leider gibt es in einigen Wohnungen lästige Mitbewohner, die man eigentlich nicht haben will. In Erdgeschosswohnungen kommen gerne mal Ameisen zu Besuch und bedienen sich in der Speisekammer. Auch in höher gelegene Wohnungen ziehen häufig ungewollt Motten, Fruchtfliegen oder anderes Ungeziefer ein. Auch Schimmel kann zu einem lästigen Problem werden und greift auf Dauer auch die Gesundheit an. Mit ein paar kleinen Tricks bekommt man aber die meisten Probleme in den Griff. Hat man allerdings Schimmel an den Wänden, muss ein Fachmann ran.

Motten

■ Kleidermotten haben Wollsachen zum Fressen gern. Damit sie gar nicht erst einziehen, gibt es ein paar einfache Tricks:

■ Lavendelsäckchen im Schrank – wenn sie nicht mehr duften, Lavendelblüten austauschen oder mit ein paar Tropfen Lavendelöl neu beleben.

■ Zedernholzkugeln oder -würfel regelmäßig etwas abschmirgeln, damit sie wieder duften.

■ Wollsachen vor dem Einlagern waschen, in Zeitungspapier einschlagen und in gut verschließbaren Papiertüten oder Kleidersäcken aufbewahren.

Schimmel im Bad

■ Besonders im Bad bildet sich gerne Schimmel in den Fugen und am Duschvorhang. Wer kein Fenster im Bad hat, das er nach dem duschen öffnen kann, lässt am besten die Tür offen, damit die feuchte Luft schneller entweichen kann. Der Duschvorhang sollte nach jedem Duschen mit klarem Wasser gründlich abgespült werden. Am besten hängt man ihn vor die Wanne, sobald er nicht mehr tropft, damit er besser trocknen kann. Die Fugen regelmäßig mit Essig besprühen.

Ameisenstraße

■ Haben Ameisen erst einmal eine Straße zum Vorratsschrank angelegt, hat man regelmäßig Besuch. Teebaumöl, Zimtpulver, Nelken, Deo oder auch Essigessenz vertreiben die kleinen Viecher aber wieder. Einfach dort, wo Ameisen ins Haus oder die Wohnung kommen, die Duftstraße der Ameisen mit einem der genannten Mittel unterbrechen. Bei Teebaumöl an Fenstern und Türen kommen sie gar nicht erst rein.

Lästige Fruchtfliegen

■ Besonders im Sommer hat man gerne mal haufenweise Fruchtfliegen in der Küche, gerade wenn Obst und Gemüse offen herumstehen. Eine wirksame Falle ist schnell gemischt: In einem Glas 1 Teil Essig, 3 Teile Saft und 2 Teile Wasser mischen, das lockt die Fliegen an. Zum Schluss einen Tropfen Spülmittel reingeben und etwas schwenken, das senkt die Oberflächenspannung und die Fliegen gehen unter. In die Nähe vom Obst stellen.

Kleines Hygienelexikon

Die meisten Ungeziefer werden von Unsauberkeit angelockt. Darum sollte man immer gründlich saugen und Staub wischen, auch in Ecken und versteckten Winkeln. Auch Schränke und Kommoden regelmäßig reinigen. Fruchtfliegen und Co. freuen sich über ein reichhaltiges Buffet, daher besonders in der warmen Jahreszeit möglichst keine Speisereste, Obst oder Gemüse offen herumstehen lassen. Den Biomüll täglich leeren.
Um Schimmelbildung zu vermeiden, sollte mehrmals am Tag gründlich gelüftet werden, auch im Winter. Dafür für 5 bis 10 Minuten die Fenster weit aufmachen, Heizung währenddessen abdrehen. Hat man das Gefühl, dass die Luftfeuchtigkeit in der Wohnung zu hoch ist, schafft ein Hygrometer Klarheit. Die relative Luftfeuchte sollte in Räumen zwischen 40 und 60 % liegen.

Special Omas Haushaltstipps

Heutige Omas sind zwar nicht mehr mit Bohnerwachs und Kittelschürzen aufgewachsen, aber einige Putztricks lassen sich nun mal am besten mit „Was Großmutter noch wusste" umschreiben. Und ehrlicherweise sind die Weisheiten der älteren Damen nicht nur praktisch, sondern meist auch noch preiswert und umweltverträglich. Drei Gründe, die für den „Oma-Look" in der Haushaltung sprechen.

Trickkiste

■ Gegen Gerüche helfen Seifen im Schrank. Sie sorgen für Duft und sind gegen Motten. Lavendelkissen halten ebenfalls Motten fern.

■ Eine offene Schüssel mit Kaffeebohnen oder -pulver im Küchenschrank sorgt für wohligen Duft.

■ Den Kühlschrank zu reinigen ist lästig, aber sinnvoll. Tatsächlich vermehren sich die Keime dort gut und schnell. Daher einmal im Monat Innenreinigung, einmal im Jahr abtauen. Äußere Kunststoffteile des Kühlschranks mit Autoreiniger bearbeiten. Innen genügen Zitronensäure oder eine verdünnte Wasser-Essig-Mischung. Den Kühlschrank innen gut trocken reiben. Das Tiefkühlfach kann mit Glycerin eingefettet werden, das verhindert schnelles Zueisen. Die Dichtungen von Kühlschränken regelmäßig erneuern, da sonst der Stromverbrauch enorm ist.

■ Backpulver, Natron und Cola haben eines gemeinsam: Sie wirken gegen Beläge und Kalk.

■ Wollpullover werden besonders weich, wenn man sie mit Essigwasser spült.

■ Einen Esslöffel Waschpulver in den Staubsaugerbeutel geben, vermeidet den typischen Staubsaugergeruch.

■ Küchenabfluss mit kochendem Kartoffelwasser reinigen.

■ Gallseife, Salz oder auch Glasreiniger helfen bei vielen Flecken.

■ Mit Zahnpasta lassen sich Fliesen und CDs reinigen. Die Oberflächen anschließend mit einem weichen Tuch abreiben.

■ Ob Mikrofaser, Schwammtuch, Baumwolllappen – das ist Glaubenssache. In jedem Fall müssen Wischlappen regelmäßig bei mindestens 60 °C gewaschen oder einfach ausgetauscht werden. Regelmäßig heißt, mehrmals die Woche und nicht einmal im Jahr!

■ Blutflecken in Kleidung mit Milch lösen.

■ Soda ist ein Wundermittel. In angebrannte Töpfe geben.

■ Abflüsse werden mit Soda geruchsfrei.

■ Spiritus wird nicht nur als Grillhilfe verwendet, sondern ist auch ein prima Glasreinigungsmittel.

Dein Kühlschrank, das unbekannte Wesen

So lagert man richtig:

- Käse, Kuchenreste im Hauptfach oben
- Milchprodukte wie Butter, Joghurt im mittleren Fach
- Wurst und Fleisch unten auf der Glasplatte
- Obst und Gemüse im Gemüsefach
- Soßen, Ketchup, Senf, evtl. Butter, Eier in die Türe
- Speisen immer abgedeckt in den Kühlschrank
- Wurst, Käse. Butter in verschlossene Behältnisse, wie Plastikdosen
- Zwiebeln und Knoblauch immer getrennt von anderen Lebensmitteln aufbewahren, wegen der Geruchsübertragung
- Offene Konserven in saubere Schüsseln umfüllen, abdecken und zeitnah verzehren

Maschinen brauchen Pflege

Viele Maschinen erleichtern im Haushalt die Arbeit. Damit sie auch auf Dauer gut funktionieren, muss man sie regelmäßig pflegen. Waschmaschine, Spülmaschine, Wasserkocher oder Kaffeemaschine müssen immer wieder entkalkt werden, damit sie nicht kaputtgehen. Dafür sind keine teuren Spezialentkalker notwendig, Essigessenz und Zitronensäure reichen vollkommen. Auch der Kühlschrank sollte regelmäßig mit Essig geputzt werden, damit Bakterien oder Schimmel keine Chance haben. Läuft mal was aus, sofort wegwischen, dann setzt es sich nicht fest. Den Kühlschrank nicht bis oben vollstopfen, sonst kann er nicht richtig kühlen und verbraucht viel Strom.

Kalklösung

- Essigessenz: Hilft auch, Eingebranntes aus Töpfen zu entfernen. Greift Gummi und Plastik auf Dauer an. Wird mit Wasser oder Saft verdünnt zu Essig für den Salat.
- Zitronensäure: Gibt es in Pulverform oder flüssig, das Pulver ist günstiger. Universalmittel für den ganzen Haushalt, das auch Angebranntes löst.

Kaffeemaschine & Wasserkocher

- Je nachdem, wie hart das Leitungswasser ist, müssen Wasserkocher und Kaffeemaschine mehr oder weniger oft entkalkt werden. Bei hartem Wasser ist der Wasserkocher etwa einmal in der Woche dran, die Kaffeemaschine etwa alle drei Monate.
- In den Wasserkocher 1 l Wasser einfüllen und aufkochen, dann ca. 50 ml Essigessenz in das heiße Wasser gießen. Etwa 30 Minuten stehen lassen, bis der Kalk gelöst ist und gründlich ausspülen. Alternativ 2 EL Zitronensäurepulver mit 1 l Wasser mischen und im Wasserkocher aufkochen, kurz einwirken lassen und gut ausspülen. Bei Bedarf wiederholen oder die Mischung länger einwirken lassen.
- Die Kaffeemaschine mit einer Mischung aus 1 bis 2 EL Zitronensäure und 1 l Wasser befüllen und zweimal ohne Kaffee, aber mit eingelegtem Filter durchlaufen lassen. Bei Padmaschinen pro Durchlauf ein altes Pad einlegen. Bitte auch die Betriebsanleitung des Herstellers beachten.

Staubsauger

- Vor dem Saugen kontrollieren, ob der Staubbeutel voll ist. Wenn das Warnlicht leuchtet, Beutel wechseln. Auch der Luftfilter sollte regelmäßig geprüft und ggf. gereinigt werden, damit die Saugleistung nicht nachlässt. Staub, Haare und Co. zwischendurch immer wieder aus der Parkettbürste zupfen oder saugen. Immer nur trockenen Staub aufsaugen. Durch die Wärme im Staubbeutel kann Feuchtigkeit zu Bakterienbildung führen und dann stinkt es. Sollte der Staubsauger dennoch komisch riechen, am besten zunächst den Beutel wechseln und den Innenraum und Luftfilter reinigen. Dann 1 EL Waschpulver in den leeren Beutel streuen oder aufsaugen. Auch ein paar Tropfen Aromaöl auf dem Luftfilter können Abhilfe schaffen.

Liebe Waschmaschine …

Nach jedem Waschen Maschine und Waschmittelschublade offen stehen lassen, damit sie gut trocknen können.
Die Schublade regelmäßig auf Rückstände kontrollieren und ggf. reinigen.
Vorbeugend kann zu jedem Waschgang ein Enthärter zum Waschpulver gegeben werden. Dennoch sollte die Maschine mindestens einmal im Jahr entkalkt werden. Das geht mit Zitronensäure.
Da sich auch Seifenreste und Ähnliches in den Schläuchen festsetzen, sollte alle drei Monate, falls es nicht eh regelmäßig gebraucht wird, das 90-°C-Programm laufen. Das tötet alle Bakterien.

Kaputt und nun?

Verweigert doch mal eine Maschine den Dienst, ist das ärgerlich. Bei kleinen Geräten wie Wasserkochern oder Kaffeemaschinen ist eine Reparatur meist teurer als das Gerät. Ist die Garantie noch nicht abgelaufen, wendet man sich an den Händler. In der Regel wird das Gerät einfach umgetauscht. Wichtig dafür ist die Originalrechnung, ohne sie geht es nicht. Gibt es keine Garantie mehr, muss ein neues Gerät angeschafft werden.
Bei Waschmaschinen ist innerhalb der Garantiezeit ebenfalls der Händler der erste Ansprechpartner. Ist es kein Garantiefall und die Maschine ist noch nicht sehr alt, sucht man sich einen Reparaturdienst. Vor dem Auftrag abklären, was für Anfahrt und Kostenvoranschlag berechnet wird! Auch der Kundendienst des Herstellers ist eine gute Anlaufstelle. Handelt es sich um eine alte Maschine und ist man ein bisschen handwerklich begabt, bieten im Internet zahlreiche Hilfeseiten und Foren Schritt-für-Schritt-Anleitungen für die gängigsten Probleme. Andernfalls muss man abwägen, ob sich eine Reparatur noch finanziell lohnt.

so ein Mist

Wie waschen?

Irgendwann ist der Wäschekorb voll und der Schrank leer. Höchste Zeit, sich mit dem Thema Waschen auseinanderzusetzen. Das ist gar nicht so schwer, denn die Kleidungsstücke verraten einem, wie sie es gerne hätten. Auf den kleinen eingenähten Zetteln finden sich Hinweise in Form von Icons zu Temperatur, Waschart, Trocknereignung und zum Bügeln. Mit der Zeit muss man auch gar nicht mehr so oft auf den Zettel schauen. Vor dem Waschen sortiert man die Wäsche am besten erst mal nach Farbe und Temperatur. Die meisten Kleidungsstücke wie Hosen, Sweatshirts, T-Shirts etc. sind bei 30 bis 40 °C waschbar. Sind die einzelnen Farbhaufen zu wenig für eine Maschine, fasst man ähnliche Farben zusammen, z. B. Rot/Orange/Gelb, Blau/Grün oder Schwarz mit anderen dunklen Farben.

Salon & Muße

Waschsalons sind Treffpunkt, Entspann-Tempel, Flirtbude, Arbeitsraum, trotzdem gilt:

- Nimm dein Waschpulver selbst mit, das spart Geld
- Mit großen Plastiktaschen kann auch nasse Wäsche transportiert werden
- Immer die heißeste Temperatur, die das Kleidungsstück verträgt, wählen – das tötet Bakterien

Wasch 1 x 1

- Ein paar kleine Vorbereitungen noch, bevor es in die Trommel geht: Bei Pullovern und Zipjacken am besten alle Reißverschlüsse schließen, Jeans und bedruckte/bestickte Kleidungsstücke auf links drehen, damit sie beim Waschen geschont werden. Feine Textilien kann man in einen Wäschebeutel geben, dann sind sie vor der Wäschetrommel geschützt. Bei Bettbezügen jeden zweiten Knopf bzw. den Reißverschluss schließen, sonst werden kleinere Stücke in der Maschine eingesammelt.
- Neue Textilien wie z. B. dunkle Jeans oder auch einfarbige Bettwäsche sollten am Anfang nur mit sehr ähnlichen Farben oder separat gewaschen werden, weil sie überschüssige Farbe bei den ersten ein bis zwei Wäschen verlieren und dadurch andere Textilien verfärben können.
- Die Königsdisziplin ist Wolle, denn sie kann sehr leicht verfilzen und dann wird aus dem flauschigen Wollpullover schnell ein winziger kompakter Kinderpullover. Viele Waschmaschinen bieten mittlerweile einen speziellen Wollwaschgang, der sogar besser als Handwäsche ist. Im Wollwaschgang wird das Kleidungsstück nur im Wasser geschwenkt und dann ausgespült. Die Wassertemperatur sollte am besten bei 20 °C oder weniger liegen.
- Auch bei der Handwäsche darf das Wasser nur handwarm sein. Echtes Fingerspitzengefühl ist gefragt beim Spülen und Auswringen, damit nicht zu viel gewalkt oder geknetet wird, denn das führt zum Verfilzen. Spezielle Wollwaschmittel werden sparsam eingesetzt – Seife greift das Wollfett an. Wollsachen sind auch keine Freunde von Trocknern. Am besten breitet man sie auf einem Handtuch aus, rollt sie vorsichtig ein und drückt das überschüssige Wasser vorsichtig raus. Dann dürfen sie liegend und in Form gezogen trocknen. Aber nicht über der Heizung.

Icons helfen

Der Bottich zeigt an, ob man das Kleidungsstück waschen darf. Die Zahl gibt die maximale Temperatur an. Ein Balken unter dem Bottich heißt Feinwaschgang, zwei Balken stehen für besonders schonendes Waschen. Die Hand im Bottich besagt, dass man nur mit der Hand oder im Handwasch-/Wollwaschgang waschen darf. Die Wassertemperatur sollte nicht über 30 °C liegen. Durchgestrichen bedeutet, wie bei den anderen Symbolen auch: Verboten! Hier also kein Wasser.
Das Bügeleisen zeigt mit den Punkten die Bügeltemperatur an. Die Punkte finden sich auch auf dem Einstellrad am Bügeleisen wieder – also ganz einfach.
Fehlt noch das Quadrat mit dem Kreis – der Trockner. Auch hier wieder Punkte oder durchgestrichen: zwei Punkte für Trocknen bei hoher Temperatur, ein Punkt bei niedriger und durchgestrichen bedeutet kein Trockner.

Pflegen ist kein Luxus

Klar gibt es an jeder Ecke Kleider. Oft gar nicht teuer, aber ein schmales Haushaltsgeld lässt Shoppingtouren oft nicht zu. Und dann wäre da noch die Sache mit dem umweltbewusst Einkaufen. Billige Kleidung wird häufig unter schlimmen Bedingungen hergestellt und wie bei den Lebensmitteln, die ökologisch und sozial korrekt erzeugt werden, liegt der Preis bei nachhaltig produzierter Kleidung weit über dem Durchschnitt. Da lohnt es sich durchaus, die Dinge, die man hat, zu schonen und zu pflegen. Oder aufzufrischen, aufzupimpen oder umzugestalten.

Schuhpflege 1 x 1

- Putzen hilft gegen Verschleiß.
- Einfetten schützt gegen Risse im Leder.
- Nasse Schuhe werden mit Zeitungspapier ausgestopft.
- Schuhe täglich wechseln, damit sich kein Geruch bilden kann.
- Schuhe regelmäßig imprägnieren.
- Raulederschuhe können mit Putzradierern gereinigt werden.

Bügeln, Falten, Glätten

Bügeln – was nach „voll altmodisch" klingt, ist in Wahrheit ein probates Mittel, Kleidung ein langes Leben zu schenken. Warum ist Glattes länger haltbar? Ganz einfach: verkrüppelter Stoff wird schneller brüchig, müffelt schneller, nimmt mehr Platz im Schrank weg und ist weniger hygienisch. Denn Bügeln tötet Bakterien ab, Gebügeltes lässt sich platzsparend falten und gebügelte Wäsche duftet schön im Schrank. Vom Aussehen ganz zu schweigen – es macht einfach etwas her, zu einem Vorstellungsgespräch, in eine Prüfung oder zu einem offiziellen Anlass ausgeschlafen und glatt gebügelt zu erscheinen. Wer dem Bügeleisen skeptisch gegenüber steht, kann auch die getrocknete Wäsche schön glatt streichen und ordentlich falten. Wer einen Trockner hat, ist fein raus, die Wäschestücke kommen schon ziemlich adrett aus der Maschine und müssen nur noch auf Kante gelegt werden.

Checkliste Aufpimpen

Upcycling ist bei Kleidung wirklich einfach, aus zwei mach eins: einfach etwas auftrennen und verlängern oder kürzen. Wer mit der Nähnadel nicht auf du und du steht, kann auch eine der vielen kleinen Änderungsschneidereien besuchen. Dort kosten viele Nähaufträge gar nicht viel. Löcher in Jeans versiegeln, Säume kürzen, Stopfen, Risse beseitigen – alles billiger, als wegwerfen und neu kaufen. Ganz abgesehen davon, dass man auch Lieblingsstücke hat, die man nicht so leicht aufgeben möchte.

Färben, was das Zeug hält

- Jeans und dunkle Sachen kann man regelmäßig in der Maschine mit Farberneuerungsfarben nachfärben.
- Umfärben von hellen Sachen ist im Eimer und in der Waschmaschine nach Anleitung einfach – wichtig dabei: Färbesalz nicht vergessen.
- Mit Naturfarben lassen sich helle Wäschestücke aus Naturfasern wie Leinen und Baumwolle in ganz besonders schönen Farben einfärben, allerdings sind die Farben lichtempfindlich.

Entfärben geht auch

Das passiert auch alten Haushaltshasen: Eine komplette Waschmaschinenladung hat sich rosa, gelb oder gräulich verfärbt, weil eine einzige Socke den 60-Grad-Waschgang nicht vertragen hat. Da hilft Entfärbesalz. Einfach noch einmal den ganzen Schwung – ohne Socke! – mit Entfärber durchwaschen und evtl. einmal mit Wäscheweiß nachbehandeln.

Storing, klug aufbewahren

Bei kleinen Wohnungen will der Platz gut genutzt sein. In Nischen bieten sich da Einbauregale aus dem Baumarkt an, einfach ein Rollo oder einen Vorhang davor und schon sieht es gut aus. Damit das Kleinzeug nicht wild durch die Gegend fliegt, sortiert man es in Kisten und Schachteln. Gut geeignet dafür sind Schuhkartons in unterschiedlichen Größen, die man sich kostenlos in den Läden abholen kann. Damit es einheitlicher aussieht, kann man die Kartons mit Geschenkpapier, Stoffresten oder auch Zeitungen bekleben. Im Flur kann man je nach Deckenhöhe oberhalb der Türstöcke ein durchgehendes Regalbrett anbringen. Bücher, an die man nicht oft heran muss, sind dort wunderbar aufgehoben.

Fleisch & Fisch

Fleisch und Fisch hat man zwar nicht unbedingt dauernd im Kühlschrank, aber es sind besonders empfindliche Produkte, die leicht verderben können.

■ Nach dem Einkauf sollten Fleisch und Fisch so schnell wie möglich zu Hause in den Kühlschrank. Also nicht erst noch stundenlang durch die Gegend schleppen.

■ Frisches Hackfleisch sollte immer spätestens am nächsten Tag und nur gut durchgegart verzehrt werden.

■ Auf Geflügel bilden sich sehr leicht Salmonellen, deswegen sollte es immer gut durch sein. Beim Schneiden ein separates Brett und Messer verwenden und danach gleich abspülen. So kann nichts passieren.

■ Tiefgekühltes immer langsam auftauen. Am besten legt man es am Abend vorher in den Kühlschrank. Etwas Küchenrolle darunterlegen, damit das Auftauwasser aufgefangen wird.

Wie hebt man Lebensmittel auf

Lebensmittel richtig aufbewahren ist gar nicht so schwer. Grundsätzlich kommt alles, was im Supermarkt in der Kühlung war, zu Hause in den Kühlschrank. Hier ein kleiner Überblick:

■ Trockene Lebensmittel wie Nudeln, Reis, Mehl, Zucker etc. dürfen keine Feuchtigkeit abbekommen. Also Vorsicht, wenn sie oberhalb des Herdes gelagert werden. Entweder füllt man sie in Vorratsbehälter oder verschließt angebrochene Tüten mit Clips. Papiertüten zur Sicherheit einfach in einen Plastikbeutel stellen und diesen zuclippen.

■ Kartoffeln und Zwiebeln müssen dunkel und trocken gelagert werden, damit sie nicht so schnell austreiben. Aber sie brauchen auch genügend Luft, damit sie nicht vergammeln. Am besten ist ein dunkler Korb mit Deckel, der in einer dunklen Ecke gelagert wird.

■ Getrocknete Kräuter und Öle sollten dunkel gelagert werden, da sie sonst schnell an Aroma verlieren. Dunkle Flaschen und Gläser reichen da schon aus, wenn sie nicht der Sonne ausgesetzt werden.

■ Gemüse, außer Tomaten, und Salat hebt man am besten im Gemüsefach des Kühschranks auf. Darauf achten, dass das Fach immer sauber ist und sich keine Flüssigkeit darin sammelt. Ist zu viel Feuchtigkeit im Fach, helfen ein paar Lagen Zeitungspapier auf dem Boden. Regelmäßig wechseln. Die Kühlung hemmt den Reifeprozess.

■ Obst und Tomaten werden bei Zimmertemperatur aufbewahrt. Dabei sollten Äpfel getrennt von anderen Sorten gelagert werden, da sie andere Früchte schneller reifen lassen. Das kann man sich natürlich bei noch etwas unreifem Obst zunutze machen.

■ Tee und Kaffee werden luftdicht in entsprechenden Dosen aufbewahrt, damit das Aroma länger frisch bleibt.

■ Käse und Wurst werden in gut schließenden Frischhaltedosen oder gut mit Frischhaltefolie abgedeckt im Kühlschrank aufbewahrt.

use ginger for internal HEAT
Castagnaccio
SALT
CHESTNUT FLOUR
OLIVE OIL
ROSEMARY
RAISINS
WALNUTS
x 20 mins
180c
STORAGE WALLET

Superfood gegen Stress

Tatsächlich haben manche Lebensmittel die Eigenschaft, Stress abzubauen. Die darin enthaltenen Antioxidantien sind dafür verantwortlich und noch ein paar Substanzen, die zu Recht als Energiebringer bezeichnet werden. Der neueste Trend am Ernährungsmarkt heißt deshalb Superfood und bezeichnet eine Handvoll Lebensmittel aus aller Welt, denen wahre Wunderkräfte zugesprochen werden. Wir müssen gar nicht so weit gehen mit unserer Lebensmittelwahl, vor unserer Haustür gibt es ein paar echte Kraftbomben, die, richtig verarbeitet, nicht nur schmecken, sondern auch satt und gesund machen.

Blaubeer

200 g Blaubeeren, 1 EL Zitronensaft, 1TL Honig, 3 TL Joghurt, 200 g Milch, einige Blätter Minze mit dem Stabmixer quirlen. Eiswürfel in ein Glas geben, und mit dem Blaubeermix auffüllen. Gleich trinken, dann sind noch alle Inhaltsstoffe enthalten.

Grünkraft

Grünzeug, also Chlorophyll in Blätter- oder Gemüseform, hilft der Konzentration und schützt vor Krankheiten. 1 Handvoll Spinat, ½ Banane, ½ Handvoll Brennnessel, ein 5 mm großes Stück Ingwer, ¼ Avocado, ¼ Orange, 1 Schuss Zitronensaft, ein Hauch Zimt – alles schnell mixen und gleich trinken. Der Reiz neben dem Nutzen liegt im Experimentieren mit den Zutaten. Zu einem grünen Smoothie gehören grüne Blattgemüsesorten, Früchte, Flüssigkeit wie Wasser oder Orangensaft.

Mix fix

Man muss nicht Besitzer eines Standmixers sein, ein einfacher Stabmixer tut es auch. Aber warum überhaupt mixen? Natürlich kann jeder die Inhaltsstoffe eines grünen Smoothie auch einzeln und in Urgestalt verzehren, zum Beispiel als Salat. Doch Grünzeug ist schwer verdaulich und muss lange im Mund zerkleinert werden. Das nimmt der Mixer vorweg. Außerdem bietet das Mixen ganz neue Möglichkeiten des Würzens. Kaum jemand wird seinen Salat mit Zimt oder Ingwer anmachen. Zerkleinert und untergemengt im Smoothie sind die beiden echte Grünzeugveredler.

Das ist Superfood

In der Liste der derzeitigen Top-Superfoods finden sich Açai, Goji, Spirulina, Camu Camu, Kakao, Maca, Kokosnuss, Miso, Lucuma und viele andere „Exoten“. Oft sind diese Zutaten nur unter Aufwand und teuer zu bekommen. Deshalb hier einige leicht zugängliche Superfoods, die sich gut in den Speiseplan integrieren lassen: Artischocken, Avocado, Blaubeeren, Brennnessel, Chili, Datteln, Granatapfel, Grünkohl, Ingwer, Johannisbeere, Kamille, Leinsaat, Meerrettich, Oliven, Sauerkirschen, Sojabohnen, grüner Spargel, Spinat, Süßkartoffeln, Zimt.

Frühstück mit Wupp

Wer den Tag mit einem Superfood-Frühstück startet, den kann nichts umhauen. Eine Schüssel mit der Powerpampe ergibt auch ein Mittagessen.
Variation 1: 3–4 EL Chia-Samen mit 200 ml Milch mischen und eine Nacht im Kühlschrank quellen lassen. Nach Belieben mit Honig süßen. Mit dem Stabmixer eine Mischung aus Blaubeeren, Johannisbeeren und Mandeln herstellen (wer keine Nüsse verträgt, kann auch Leinsamen nehmen). Naturjoghurt mit Banane vermixen. In ein Glas eine Schicht Chia-Pudding, eine Schicht Beerenmix, eine Schicht Bananenjoghurt löffeln.
Variation 2: Chia-Samen mit Blaubeermilch über Nacht quellen lassen, nach Geschmack süßen. In eine Schüssel geben und mit frischen Beeren, Granatapfelkernen, Gojibeeren, geschroteten Leinsamen bestreuen.
Wem Chia-Samen zu exotisch sind, der kann sich auch mit einer Mischung aus Haferflocken, Leinsamen, Nüssen und Joghurt ein Müsli anmixen, das mit Beeren angereichert wird.

Partys, Benimm,

Dos & don'ts

Casual or not

Nun, Mode ist wandelbar, und dennoch gibt es ein paar Dinge, die uns nun schon seit vielen Jahrzehnten verlässlich begleiten. Dazu zählen die festlichen Garderoben, aber eben auch Freizeitklassiker wie die Jeans, der schlichte Wollpullover, das weiße T-Shirt und die Farben Beige, Weiß, Dunkelblau und Schwarz, die so ziemlich jede Modekapriole unbeschadet überstehen. Deshalb nennt man sie Klassiker oder Basics. Das heißt natürlich nicht, dass man sich sklavisch daran halten muss, aber gerade bei einem schmalen Geldbeutel sind einige wenige gute Kleidungsstücke, die immer zusammenpassen, eine sichere Bank. Und eine ausgefallene Festgarderobe sollte man sich eh immer leihen. Wer trägt schon einen Frack auf?

Knotenkunde

Man muss nicht die ganze Knotensammlung können, aber einer bis zwei dürfen es schon sein, z. B. der einfache Knoten oben.
Für geübte darf es dann schon auch mal ein Windsorknoten sein, siehe unten.

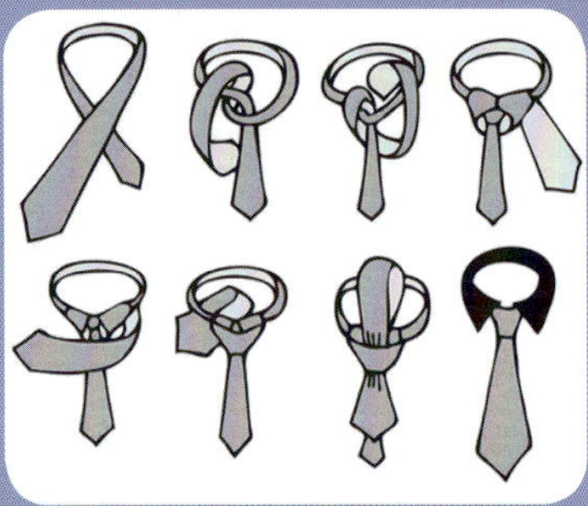

Basics

Wer kein großes Kleiderbudget zur Verfügung oder wenig Platz in seiner Bude hat, sollte sich auf das Nötigste beschränken. Das sind all jene Kleidungsstücke, die zeitlos sind und kombinierbar. Für die individuelle Note können Tücher, Schals, Taschen sorgen.

- Basic Ladies: Rock, Hosenanzug, Blazer (alles dunkelblau, schwarz, beige), Bluse/T-Shirt (beides einfarbig gedeckt), schwarze Strickjacke, Jeans, weiße T-Shirts, Stiefel, Halbschuhe, Ballerinas.
- Basic Gents: dunkler Anzug, weiße Hemden, 1 Krawatte, schwarze Socken, schwarze und braune Schnürschuhe, Jeans, weiße T-Shirts, grauer V-Pulli.

Dresscode

Auf manchen Einladungen ist der Dresscode vermerkt, wohl dem, der weiß, was sich dahinter verbirgt. Das erspart over- oder underdressed zu sein.

- Dunkler Anzug: Männer tragen dunklen Anzug mit schwarzen Schuhen und weißem Hemd, die Damen ein Kleid, z. B. das „Kleine Schwarze“.
- Smoking: Er ist die etwas weniger festliche Variante des Fracks und wird mit Fliege, Kummerbund oder Weste getragen. Für die Damen sieht der Dresscode das Cocktailkleid vor.
- Frack: Er wird nur nach 18 Uhr getragen mit weißem Hemd, weißer Weste und Fliege, die Hose gürtellos, dazu Schuhe ohne Schnürung.

Das Kleingedruckte

Manchmal steht auch so etwas auf Einladungen:

- White Tie – meint Frack und Abendkleid.
- Black Tie – steht für Smoking und langes Abendkleid.
- Cutaway und Stresemann – für feierliche Anlässe tagsüber
- Abendgarderobe – dunkler Anzug und Cocktailkleid
- Casual – Jacket/Pullover/Strickjacke mit Freizeithose, für die Damen leichtes Sommerkleid/weiße Hosen/Röcke

Was wann

Business Wear heißt Bürokleidung heute. Als kleine Faustregel gilt: je höher die Position desto dunkler die Farben.

■ Das heißt für den Mann: Anzug mit Hose in richtiger Länge, also ca 0,5 cm oberhalb des Schuhabsatzrandes endend. Ordentliche Frisur und Rasur, Hemd und Krawatte, Socken, die keinen Blick aufs Bein frei geben. Gar nicht geht zu viel Schmuck, abgelatschte, schmutzige Schuhe, Kasperlsocken oder bunte Jackets. Achtung: In den Creativebranchen kann aber gerade der Stilbruch gefragt sein.

■ Für die Ladies gilt: Rock, Kleid oder Hosenanzug, gepflegte Gesamterscheinung, geschlossene Schuhe. Mini, Dekolleté und transparente Blusen sind no gos.

■ Smart casual meint die oben genannten Positionen in gelockerter Form, also Kravatte weg, für Damen ein T-Shirt und helle Farben.

■ Casual Wear steht für gepflegte Freizeitmode, Blazer zu Leinhose oder Rock, aber immer noch recht förmlich.

■ Casual Friday läutet auch kleidungsmäßig das Wochenende ein, jetzt darf auch die Jeans mit ins Büro.

Cross over

Bei allem förmlichen Dresscode soll die persönliche Note nicht zu kurz kommen, gerade in den Medien- und Kreativbranchen sind individuelle Noten gefragt.

■ Gekonnter Stilbruch für ihn: Jacket aus gutem Stoff zu used-look-Jeans. Kann man nicht zu jedem Anlass tragen, aber immer öfter. Dazu Slipper ohne Socken. Achtung: Mit Schuhen kann man jeden Look aufpeppen. Es müssen nur die richtigen sein.

■ Gekonnter Stilbruch für sie: Feines Etuikleid mit Jeansjacke oder Lederjacke kombiniert. Dazu Ballerinas oder Stiefel. Achtung: Fast alle Röcke und Kleider sehen ohne Feinstrumpfhosen besser aus, wenn die Beine gepflegt sind.

Benimm ist in

Vordrängen in der Reihe, Schnorren beim Nachbarn, Schmatzen in Bibliotheken, Nasebohren in der U-Bahn, Nichthelfen beim Anheben von Kinderwägen, kein Abnehmen schwerer Tüten oder Sitzenbleiben, wenn deutlich Ältere den Bus besteigen? Kann man machen, ist aber extrem unsexy. Benehmen, gute Manieren und Hilfsbereitschaft sind nämlich die leichteste Form, sein Karma zu verbessern. Vorbei die Zeiten, als Männer sich nicht sicher waren, ob sie nun in den Mantel helfen oder die Tür aufhalten sollen. Das ist heute keine Gender-Frage mehr, sondern eine sehr charmante Form des Wertschätzens. Und in diesem gegenseitigen Sich-Ernst-Nehmen kann man ganz schön viel falsch machen.

Handybenimm

Permanente Handy-Checker sind der Tod jeder Konversation. Denn so ticken wir nun mal: Wer uns ansieht, hält mit uns Kontakt, wer lieber in ein Kästchen guckt, dem ist sein Gegenüber Wurst. Im Restaurant gehört ein Handy auf lautlos und schon gar nicht auf den Tisch. Im öffentlichen Nahverkehr hat niemand Lust auf fremde Gespräche.
Auf Fahrrädern und in Autos sind Handys verboten. Und noch etwas für alle, die evtl. als Au-pair, Babysitter oder gar als junge Eltern unterwegs sind: Auch Babys registrieren, ob man sich ihnen zuwendet oder nicht. Wer beim Schieben von Kinderwägen telefoniert, muss sich später nicht wundern, wenn Kinder kleinen Geräten mehr Beachtung schenken als ihren Mitmenschen.

Fallstricke beim Essen

■ Viele Bestecke, die alle gleich aussehen? Gegessen wird in der Besteckfolge von außen nach innen. Wer also beim Dessert noch den Suppenlöffel übrig hat, hat was falsch gemacht. Abputzen der Lippen vor dem Trinken ist selbstverständlich, und zwar mit der Serviette, nicht mit dem Handrücken. Worte hören sich ab 50 Gramm im Mund blöd an, deshalb runterschlucken, dann sprechen. Gerülpst wird nur im fernen Osten, und wer es ganz richtig machen will als Mann, der erhebe sich leicht, wenn eine Dame/ein Mädchen neu an den Tisch tritt. Auch setzen sich die Herren erst nach den Damen.

Daheim geht auch nicht alles

■ Selbst in der freigeistigsten WG wird es irgendwann um das Thema Hygiene gehen. Spätestens dann, wenn sich niemand mehr auf die Toilette traut, Schimmel aus dem Spülbecken wächst oder man in all dem Verhau die Hausschlüssel nicht mehr findet. Wer aufräumt, ist nur zu faul zum Suchen, ist zwar meist der Spruch der Stunde, leider hat er einen Haken: Suchen geht auf die Lebensqualität und hält einen von Wichtigerem ab. Deshalb leichte Vereinbarungen, wer wann was macht, und kleine Übungen in Selbstdisziplin.

Nachbarschaftshilfe

Die Nachbarin von nebenan ist nicht mehr ganz fit auf ihren Füßchen? Der Nachbar einen Stock höher hat sich den Fuß gebrochen? Wer merkt, dass in seiner unmittelbaren Nähe Hilfe gebraucht wird, sollte sie anbieten.
Getränkekästen schleppen, den Keller ausräumen, das Auto zum Waschen bringen, etwas vom Supermarkt oder der Apotheke besorgen. Kleine Handreichungen sind saubere Karma-Arbeit und festigen die Hausgemeinschaft. Und wenn man selbst mal etwas Hilfe benötigt, bekommt garantiert auch etwas zurück. Eine Hand wäscht die andere.

Ellenbogen – ein no go!

Türaufhalten und der Dame den Vortritt lassen, ist kein Steinzeitrelikt, sondern gelebte Höflichkeit, die gut ankommt. Ausreden lassen gehört zur Verhandlungskultur. Hände aus den Hosentaschen im Büro/beim Professor/Ausbilder: sieht immer nach gechilltem Faulenzen aus. In der Kreativbranche gelten teils andere Regeln, die allerdings nicht weniger streng sind und ebenso genau registriert werden. Danke und Bitte kann man nicht oft genug sagen. Auch mitten in der Stadt mal an einem Sonntagmorgen wildfremde Menschen auf der Straße zu grüßen, und sei es nur ein Nicken und Lächeln, schafft Lebensfreude. Überhaupt Lächeln. Damit öffnen sich Türen, es entspannt, bringt auch bei dicker Luft Waffenstilstand und sagt jedem anderen: „Zuerst einmal finde ich dich nett!“
Je näher sich Menschen kommen, sei es im Bus, Kaufhaus, bei der Arbeit im Großraumbüro oder in der Vorlesung, um so wichtiger sind Körperpflege und Manieren. Niemand mag mufflige Pullis riechen, Fußballschweiß aus Socken oder die Knoblauchpaste vom Vorabend. Und genauso wenig mag man Rucksäcke fremder Leute in der Magengegend, Tüten in den Hacken oder mit feuchten Händen zur Seite gestoßen werden. Respekt ist eine ziemlich feine Sache: kostet nix und macht gute Laune.

Danke sagen, wann?

Auch wenn man heute mal eben schnell eine E-Mail oder eine Textnachricht schicken kann, gibt es doch Anlässe, bei denen man besser auf eine handgeschriebene Karte oder einen Anruf zurückgreift. Ein mit der Hand geschriebener Brief ist viel persönlicher und individueller, als ein paar Zeilen auf dem Bildschirm. Er ist auch ein Zeichen von Wertschätzung. Besonders die ältere Generation freut sich mehr über eine schöne Karte mit persönlichem Gruß, auch wenn sie mit der modernen Technik umgehen kann. Außer Werbung und Rechnungen findet sich heutzutage kaum etwas im Briefkasten. Außerdem macht sich der Schreiber automatisch mehr Gedanken darüber, was er schreibt, denn einfach wieder löschen ist nicht.

Originelle Post

Was das Verschicken von ausgefallenen Sendungen angeht, ist die Deutsche Post relativ flexibel. Die Verpackung darf nicht auf dem Transport kaputtgehen und Anschrift, Absender und Porto müssen klar erkennbar sein. Die Vorgaben für Größen, Dicken und Gewichte zu den einzelnen Portostufen findet man auf www.portokalkulator.de. Ist man sich unsicher, wenn man z. B. eine Flaschenpost versenden möchte, fragt man direkt in der nächsten Filiale nach.

Gratulieren, kondolieren – nicht alles geht per Mail

- Zum Geburtstag von nahen Familienangehörigen oder engen Freunden sollte schon ein Anruf drin sein, auch wenn er nur kurz ist. Trifft man sich am selben Tag, gratuliert man am besten gleich persönlich. Auch eine Geburtstagskarte ist ein schöner Weg, jemandem zu gratulieren. Lieber zu früh abschicken und einen kleinen Hinweis auf den Umschlag schreiben.
- Bei einer Verlobung ist eine persönliche Gratulation bei der nächsten Begegnung angebracht. Zur Hochzeit, sofern man nicht selbst dabei ist, schickt man eine Karte mit ein paar persönlichen Zeilen. Geschenke übergibt man nach Möglichkeit persönlich, natürlich mit einem kleinen Kärtchen, damit das Brautpaar sie hinterher noch zuordnen kann.
- Geburt, Taufe, bestandene Abschlussprüfungen – auch bei diesen Anlässen gratuliert man persönlich, per Telefon oder mit einer Karte, je nachdem wie eng die Beziehung und wie weit die Entfernung ist. Auch kleine Geschenke sind natürlich angebracht.
- Schickt man am Tag X einen kurzen elektronischen Glückwunsch, sollte man zeitnah noch mal einen persönlicheren Nachschieben.
- Auch bei weniger schönen Anlässen ist eine handgeschriebene Karte die bessere Wahl. Besserungswünsche bei einem längeren Krankenhausaufenthalt überbringt man bei einem Besuch oder schickt eine nette Karte. Schnittblumen bringen etwas Farbe in Krankenzimmer, Topfpflanzen sind tabu.Im Trauerfall schickt man eine schlichte, Hand geschriebene Karte an die engste Familie des Verstorbenen, in der man sein Mitgefühl ausdrückt und ggf. seine Hilfe anbietet. Von Anrufen sollte man absehen, die Trauernden melden sich, wenn sie soweit sind.

Bedanken

- Hat man selbst Geschenke, Glückwünsche oder Karten erhalten, sollte man sich natürlich dafür bedanken. Der beste Weg ist persönlich, falls man sich zeitnah trifft, per Anruf oder auch hier wieder mit einer kleinen Karte.
- Helfen einem Freunde und Verwandte z. B. beim Umzug, bedankt man sich am besten mit einer ordentlichen Brotzeit und Getränken nach getaner Arbeit für die Unterstützung. Bei anderer tatkräftiger Hilfe kann man im Nachgang ein Danke-Picknick veranstalten oder zu einer Helfer-Party einladen.
- Bei kleineren Freundschaftsdiensten gibt man einen aus, auch wenn das natürlich keiner erwartet.

Das Miteinander

Besonders zu den eigenen Nachbarn sollte man ein gutes Verhältnis pflegen. Grüßen und ein bisschen Smalltalk, wenn man sich begegnet, sollte eine Selbstverständlichkeit sein.
Mit einem kleinen Aushang informiert man die Nachbarn darüber, wann man einzieht und entschuldigt sich für etwaige Unannehmlichkeiten und Lärm. Ist man dann eingezogen, stellt man sich persönlich vor. In größeren Mehrfamilienhäusern kann man auch eine nette Karte à la „Wir sind die Neuen", vielleicht mit einem süßen Gruß, in die Briefkästen verteilen. Damit ist schon mal der Grundstein gelegt.

Schriftliche Manieren

Nicht nur bei handgeschriebenen Karten oder Briefen, auch bei elektronischer Post sollte man ein paar Höflichkeiten beachten: Die Anrede mit Namen darf nicht fehlen, ebenso ein Abschiedsgruß mit dem eigenen Namen.
Beim Schreiben darauf achten, dass der Ton angemessen ist. Manche Formulierungen können zweideutig gelesen werden, das kann zu Missverständnissen führen. Es kommt nicht auf die Länge an, sondern auf den Inhalt.

Party machen, Party gehen

Privatpartys haben ein paar Vor- und auch ein paar Nachteile. Veranstaltet man eine eigene Party, kann man sich seine Gäste und die Musik aussuchen. Allerdings muss man auch vorbereiten und hinterher wieder klar Schiff machen. Feiert man draußen im Park, muss alles an die ausgewählte Stelle gebracht werden. Müllsäcke nicht vergessen, denn man sollte den Platz so verlassen, wie man ihn vorgefunden hat. Ist man wo eingeladen, sollte man sich so benehmen, wie man es von den eigenen Gästen auch erwarten würde. Häufig ist es Usus, dass jeder auf eine Party etwas zu trinken mitbringt oder eine Bierkasse aufgestellt wird. Trotzdem sollte der Gastgeber etwas anbieten.

Bedanken und Aufräumen

Nach der Party bedankt man sich beim Gastgeber, auch wenn dieser abwinkt. Gerade wenn man unter den letzten Gästen ist, hilft man noch schnell beim ersten Aufräumen. Denn egal wo die Party stattfindet – wer zusammen feiert kann auch zusammen aufräumen. Wenn jeder ein paar Flaschen in die Kästen oder leere Gläser in die Küche stellt und eine Handvoll Müll in die Tüte stopft, ist das meiste in kürzester Zeit erledigt. Das ist kein großer Akt. Bei der eigenen Party freut man sich ja auch über schnelle Hilfe.

Das bringt man mit

- Man muss auf einer Wohnungsparty kein großes Büffet auffahren, meist reicht Knabberzeug. Fingerfood kommt auch immer gut an, es sollte möglichst klein sein und mit einem Bissen im Mund verschwinden. Käsewürfel mit Trauben oder kleine Hackbällchen sind einfach vorzubereiten, auch kleine Pizzaschnecken aus Blätterteig eignen sich für eine Party. Muffins können gut aus der Hand gegessen werden.
- Ist man bei einer Party eingeladen, sollte man dem Gastgeber anbieten, etwas Essbares mitzubringen. Wenn mehrere vorbereiten, hat man schnell ein kleines Büffet zusammen und keiner hat viel Aufwand.
- Das wichtigste auf einer Party sind die Getränke, hier gibt es je nach Geldbeutel unterschiedliche Möglichkeiten. Im Idealfall stellt der Gastgeber alle üblichen Getränke, z.B. Bier, Wein, Softdrinks und andere Alkoholika.
- Wie viel der Gastgeber bereitstellt, hängt natürlich auch vom Anlass ab. Trifft man sich eher spontan zu einer Party ohne besonderen Anlass, bringt jeder einfach seine Getränke mit. In jedem Fall ist es wichtig im Vorhinein abzusprechen, wie die Getränkelage ist, sonst steht man am Ende mit Leitungswasser in der Hand da.

Together

Bei Spontanpartys, ob draußen oder drinnen, ist Arbeitsteilung das erste Gebot. So werden auch die Kosten unter allen verteilt. Im übrigen ist es billiger Salate, Aufstriche, Dips, Beilagen selbst zu machen, als fertig einzukaufen. Und schmecken tut es in der Regel auch besser. Wer Müll vermeiden möchte, verstaut alles in verschließbaren Plastikbehältern, die man wieder mitnehmen und waschen kann.

So feiern auch die Nachbarn gern

■ Feiert man zu Hause eine Party oder hat spontan ein paar Freunde zu Besuch, sollte man trotz aller Feierlaune die Ruhezeiten im Blick haben. Das bedeutet, dass ab 22 Uhr Musik und Unterhaltung auf Zimmerlautstärke zurückgefahren werden müssen, wenn man nicht die Polizei vor der Tür stehen haben will. Wie streng die Nachbarn in dieser Hinsicht sind, hängt natürlich auch von dem Verhältnis zu ihnen ab.

■ Plant man eine größere Party zum Geburtstag und ist den Rest des Jahres ein netter Nachbar, haben die wenigsten Mitbewohner etwas gegen ein wenig mehr Lärm am Abend, vorausgesetzt man warnt sie vor. Feiert man dagegen jedes Wochenende mit lauter Musik, hat die Toleranz in der Regel ihre Grenzen. Am besten gibt man den Nachbarn die eigene Handynummer, dann können sie Bescheid geben, falls es zu laut wird.

■ Auf jeden Fall sollte man auf seine Nachbarn Rücksicht nehmen. Die Gäste bittet man, nachts beim Verlassen des Hauses leise zu sein, auch auf der Straße. Treppengetrampel und lautes Gegröle bleiben lange im Gedächtnis.

■ Ist durch die Party besonders viel Dreck im Hausflur entstanden, bringt man ihn natürlich weg, am besten bevor sich ein Nachbar beschwert. War der Nachbar doch schneller, bedankt man sich für den Hinweis, entschuldigt sich dafür und sorgt wieder für Ordnung.

Register

Buchempfehlungen für Sie

TOPP 7565

ISBN 978-3-7724-7565-8

TOPP 8004

ISBN 978-3-7724-8004-1

TOPP 5926

ISBN 978-3-7724-5926-9

TOPP 4192

ISBN 978-3-7724-4192-9

TOPP 7553

ISBN 978-3-7724-7553-5

TOPP 7468

ISBN 978-3-7724-7468-2

TOPP 7555

ISBN 978-3-7724-7555-9

TOPP 6419

ISBN 978-3-7724-6419-5

TOPP 8201

ISBN 978-3-7724-8201-1

IMPRESSUM

UMSCHLAGFOTOS: Planepicture: Laurence Mouton (Titelseite); Fotolia: oldbunyip (links); sarsmis (oben rechts); Alliance (unten Mitte); Sebastian Duda (unten rechts)

FOTOS:
123rf: FoodCollection (S. 42); Galina Peshkova (S. 54); Jacek Nowak (S. 37 unten); maridav (S. 13 oben); nyul (S. 74/75); Soloviova Liudmyla (S. 38/39); Steve Cukrov (S. 37 Mitte); Warren Goldswain (S. 17)

Christine Paxmann: S. 4 unten rechts, S. 5 unten links, S. 7 oben rechts, S. 43, S. 100 gesamt

Colourbox: Eugenio Marongiu (S. 55 oben); evgenija Uvarova (S. 37 oben); Natalia Sinelnik (S. 66); Nessi (S. 2 Mitte oben rechts, S. 29); Olexandr Moroz (S. 78 links, S. 79); Syda Productions (S. 4 unten links); Valery Voennyy (S. 98); Unbekannt: S. 31, S. 46, S. 67, S. 81, S. 85 links oben, S. 88, S. 94)

Corbis: Coco Amardeil (S. 101); john Rowley (S. 57); L.Moore (S. 11); Matthias Ritzmann (S. 8/9); Stuart Cox (S. 69)

Doris Wohowsky: S. 65 gesamt

Fotolia: 2mmedia (S. 5 oben rechts); 3darcastudio (S. 15 unten rechts); Africa Studio (S. 2 Mitte unten rechts, S. 64); Alena Ozerova (S. 61 oben); Alliance (S. 61 unten, S. 73); alho007 (S. 2 oben rechts, S. 72 rechts); Altin Osmanaj (S. 5 rechts unten, S. 44 rechts); Anna-Mari West (S. 2 unten links, S. 18); april_89 (S. 53); apops (S. 82); araraadt (S. 116); asife (S. 63); ~ Bitter ~ (S. 111 oben); Boyarkina Marina (S. 106 links); Brad Pict (S. 7 oben links); branchecarica (S. 110 oben); chalabala (S. 51 links oben); ChiccoDodiFC (S. 2 unten rechts, S. 41 oben); Christophe Fouquin (S. 26); Claudia Holzmann (S. 21 oben rechts); Cora Müller (S. 40); courlandcurly12 (S. 31 rechts); cpask (S. 90/91); crimson (S. 89); DDRockstar (S. 56, S. 115 unten); delphsan (S. 5 Mitte links, S. 55 unten); Dirk Schumann (S. 15 unten links); Elena Ermakova (S. 52 links); Elenathewise (S. 106 rechts); Franz Peter Rudolf (S. 41 unten); frizza (S. 80); garmoncheg (S. 2 Mitte links, S. 86 rechts); germanopoli (S. 87 unten); giorgiomtb (S. 52 rechts); Gresei (S. 77); Grischa Georgiew (S. 45 oben rechts); Halfpoint (S. 85 Hintergrund, S. 102 links); harmony (S. 35); Heggie (S. 60); incomible (S.15 oben links); Jasminko Ibrakovic (S. 99); Jürgen Fälchle (S. 108/109); Karina Baumgart (S. 44 links); Kirill Kedrinskiy (S. 27); lakalla (S. 15 oben rechts); LJensa (S. 50); LoloStock (S. 86 links); lulu (S. 5 oben links, S. 7 unten); mahoks (S. 2 oben links, S. 21 oben links); Mariia Pazhyna (S. 51 rechts oben); marinakutukova (S. 67 oben); Marco2811 (S. 28); marziaver (S. 103); mediagram (S. 95); Mihalis A. (S. 92); Monkey Business (S. 102 rechts); nenetus (S. 23, S. 48/49, S. 117 oben); nikolarakic (S. 21 unten links); oksix (S. 20); oldbunyip (S. 83); Petair (S. 45 unten); Peter Atkins (S. 4 rechts oben, S. 45 oben links); photopitu (S. 112); pixmic's (S. 76 links); Printemps (S. 106 Mitte); Rawpixel (S. 113); rupbilder (S. 76 rechts); sarsmis (S. 34, S. 107); Sebastian Duda (S. 93); S.H.exclusiv (S. 70); Stefan Körber (S. 71); stefanocar_75 (S. 87 oben); swety76 (S. 115 oben); Thomas Bethge (S. 96); topae (S. 72 links); tournee (S. 4 oben links, S. 96); Visions-AD (S. 114); vladimirfloyd (S. 78 rechts); VRD (S. 68); Warren Goldswain (S. 51 unten, S. 117 unten); wusuowei (S. 111 unten)

Living4media: Gratwicke, Catherine (S. 105); Grossmann.Schuerle (S. 19)

Modehaus Johann: S. 110 unten

Plainpicture: Beyond (S. 13 unten); Kniel Synnatzschke (S. 24/25)

Shutterstock: Arjen de Ruiter (S. 62)

Stockfood: Eising Studio – Food Photo & Video (S. 33); Firmston, Victoria (S. 47)

PRODUKTMANAGEMENT: Mirjam Schilling

LEKTORAT: Mirjam Schilling, Lara Schaufler

UMSCHLAGGESTALTUNG: Sophia Höpfner

GESTALTUNG UND SATZ: Christine Paxmann text • konzept • grafik, München

DRUCK: APPL aprinta druck GmbH

1. Auflage 2015

ISBN 978-3-7724-7564-1 • Best.-Nr. 7564

PRINTED IN GERMANY